Soldbuch statt Schulbuch

Kriegserinnerungen eines Antihelden

ISBN 9783746000473

© 2017 Konrad Probsthain

Herstellung und Verlag:

BoD – Books on Demand, Norderstedt

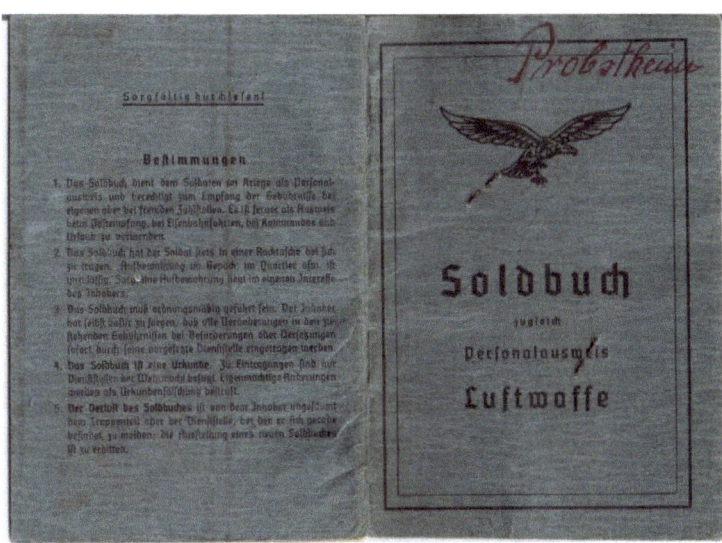

Abb. 1 Soldbuch des Kanoniers Konrad Probsthain

Wir Pimpfe sangen damals:

Unser Kaiser steigt zu Pferde,
zieht mit uns ins Feld.
Siegreich woll'n wir Frankreich schlagen,
sterben als ein tapfrer Held.

Wieso eigentlich?

Ich kannte doch Frankreich gar nicht!
Sterben wollte ich auch nicht.
nicht mal als tapfrer Held.

Inhaltsverzeichnis

Vorwort

Erinnerungen nach mehr als siebzig Jahren zu Papier zu bringen, ist ein gewagtes Unterfangen. Zwar gibt es ein belastbares Gerüst aus Daten und Ereignissen, doch die Sicht darauf hat sich durch die Erfahrungen der vergangenen Jahrzehnte zwangsläufig verändert. Der völlige Zusammenbruch der bisherigen ‚Ordnung‘ musste verkraftet werden, dann das Besatzungsregime unter den vier Siegermächten, die *reeducation* und schließlich das Kennenlernen und Akzeptieren einer freiheitlichen, demokratischen Grundordnung. Das ist eine gründliche Gehirnwäsche, die sich unbewusst auf die Erinnerungen auswirkt,

Die folgende Anekdote habe ich schon so oft zum Besten gegeben, dass ich selbst davon überzeugt bin, es habe sich so zugetragen. Ich muss damals etwa zehn Jahre alt gewesen sein. Lokomotivführer und Busfahrer waren jedenfalls bereits nicht mehr meine Helden, und von Chemie hatte ich noch keine Ahnung. Da kam von einem Besucher meines Vaters die bei Erwachsenen so beliebte Frage an mich: „Na, mein Junge, was willst Du denn mal werden?". Darauf meine Antwort: "Was ich mal werden will, weiß ich noch nicht. Doch ich weiß, was ich **nicht** werden will, nämlich weder Henker noch Richter und auch kein Offizier.". Damals wusste ich noch nichts von Tucholsky und seinem ‚Soldaten sind Mörder`-Zitat, aber staatlich legitimiertes Töten war mir offenbar bereits zuwider.

Mit mir hatte die Deutsche Wehrmacht einen ‚guten Fang' gemacht, wie mich mein Ausbilder über den ganzen Kasernenhof schreien ließ. Obwohl ich über drei Jahre meines jungen Lebens in militärischem und paramilitärichem Dienst verbringen musste, wäre der zweite Weltkrieg ohne meine Mitwirkung sicherlich auch nicht viel anders verlaufen. Andererseits war ich, wie so viele, ein Rädchen in der Kriegsmaschinerie, zwar austauschbar und oft im Leerlauf, aber insgesamt wohl unverzichtbar.

Erste Kriegserfahrungen

Bei Kriegsausbruch am 01. September 1939 verfielen auch wir Pimpfe vom ‚Deutschen Jungvolk', der Kinderorganisation der ‚Hitlerjugend', in Aktionismus. Jeder musste doch helfen, den Krieg erfolgreich zu führen. Ich wurde als Melder ins Gemeindebüro geschickt. Da wartete ich ungeduldig auf kriegswichtige Aufträge. Schließlich wurde mir ein Brief in die Hand gedrückt, den ich per Fahrrad in die Nachbargemeinde Sputendorf bringen sollte. Damit war man mich erst einmal los. Ich sollte mich auch erst wieder auf ausdrückliche Anforderung melden.

So kehrte der Alltag zurück. Doch bald gab es Veränderungen, wenn auch in kleinen Schritten. Zum Schuljahresanfang 1939 war endlich das neue Schulgebäude am Weinberg in Kleinmachnow bezugsfertig. Aber wir konnten uns nicht lange des großzügigen Platzangebotes erfreuen, denn schon bald zog das Militär mit einer Versorgungseinheit in die Schule ein, und wir mussten behelfsmäßig im Rest des Gebäudes untergebracht werden. Einige Lehrer wurden zum Wehrdienst eingezogen und mussten durch Pensionäre und Berufsfremde, z. B. Kunstmaler oder Boxtrainer, ersetzt werden.

Echten Bohnenkaffee gab es nicht mehr, nur noch ‚Horst-Wessel-Kaffee' (Bohnen „marschier'n im Geist ... mit"). Auch das Pausenbrot für uns Schüler wurde allmählich magerer, z. B. Quark statt Wurst oder Käse. Eine Gruppe französischer Gefangener zog unter ‚Bewachung' eines alten Wehrmachts-Obergefreiten in Güterfelde ein. Am Tage arbeiteten die Gefangenen beim Großbauern Kuhlmey und legten dessen Wiese trocken. Sie beneideten mich um die paar Schrippen, die ich damals noch auf Marken vom Bäcker holen konnte. Doch die waren abgezählt und die Familie wartete. Für die Franzosen war es schwer, ohne ihre geliebte Baguette auszukommen.

Später wurden die Franzosen im ganzen Dorf als Arbeitskräfte eingesetzt. Einige von ihnen waren schließlich voll integriert. Henri, alias Heini, sang sogar im Männergesangverein mit. Es blieb nicht bei den paar Franzosen. Bald kamen auch Zwangsarbeiter aus dem Osten. Die mussten ein ‚P' oder ‚Ost' an ihrer Kleidung tragen. Verbrüderung mit ihnen oder gar Liebesbeziehungen waren verboten.

Dann fielen die ersten Bomben. Das weckte vorerst bei uns Dorfjungen lediglich Neugierde. Der Bombentrichter irgendwo im Wald wurde besichtigt, und Granatsplitter von der Flak-Tätigkeit wurden auf dem zugefrorenen See als Souvenirs gesammelt. Auch makabre Scherze mit einem angeblich gefundenen Fliegerfinger wurden gemacht. Ein Mädchen aus dem Ruhrgebiet verbrachte den Sommer bei Verwandten in Güterfelde, weil es da noch sicherer war als in Westdeutschland. Doch bald gab es auch in Berlin und Umgebung konkrete Schäden. Brandbomben waren besonders gefürchtet. Deshalb wurde in der Schule eine ständige Nachtwache eingerichtet. Jeweils ein Lehrer und zwei Schüler der obersten Klasse, das war damals an der im Aufbau befindlichen Schule die 5. Klasse, mussten die Nacht in der Schule verbringen. Schlafplätze waren eine lederbezogene Bank im Turnlehrerraum und eine Couch im Vorzimmer des Direktors. Ich habe mich mehrmals freiwillig zur Nachtwache gemeldet. Einerseits kam ich mir sehr wichtig vor, andererseits konnte man auch endlich warm duschen und sich in den Klassenbüchern über die Leistungen der Mitschülerinnen informieren. Das sollte bei Annäherungsversuchen Orientierungshilfe geben.

Vormilitärische Ausbildung gehörte zum Alltag jedes deutschen Jungen. Das ‚Deutsche Jungvolk' war wie die meisten NS-Organisationen nach militärischem Vorbild strukturiert. Es gab eine Befehlskette vom Reichsjugendführer bis zum letzten Pimpf. Mittwochs und sonnabends war Jungvolkdienst und alle Monat einmal am Sonntagvormittag großer Aufmarsch. Geländespiele, die stets mit großer Rauferei endeten, sollten uns zeigen, dass Probleme am besten mit List und roher Gewalt gelöst werden.

Auch im Schulunterricht wurde der künftige Wehrdienst thematisiert. So lautete ein Aufsatztitel: „Für welche Waffengattung habe ich mich entschieden?". Für gar keine, konnte ich schlecht schreiben. Also musste mein technisches Interesse in den Vordergrund gerückt werden, was sich nach meiner Meinung am besten in der Nachrichtentruppe einbringen ließ. Vielleicht spielte auch der Gedanke mit, dass ein Funker nicht immer in der ersten Reihe kämpfen muss. Das stand natürlich nicht in meinem Aufsatz, der sogar eine gute Note einbrachte.

Einsatz als Luftwaffenhelfer

Gatow

Schon im Februar 1943, unmittelbar nach der Ausrufung des totalen Krieges, musste ich, gerade 16 Jahre alt, als Luftwaffenhelfer einrücken. Zuvor gab es eine Elternversammlung in der Schulturnhalle, an der auch die betroffenen Schüler teilnahmen. Ein Oberleutnant erläuterte unseren bevorstehenden Einsatz bei der Flak. Flak war eigentlich ein Kürzel für Flugabwehrkanone, wurde aber für die ganze Waffengattung gebraucht. Wir sollten nahe dem Wohnorte zu Hilfsdiensten eingesetzt werden, aber nebenher auch Schulunterricht erhalten.

Mit der Wohnortnähe hat es anfangs doch nicht geklappt. Wir kamen nach Gatow, westlich von Berlin. Unsere Flakbatterie war unmittelbar neben dem dortigen Kasernengelände mit Militärflughafen aufgestellt. Nach der Einkleidung bezogen wir dort ein leerstehendes

Gebäude. Unteroffizier Bulkowski, unser Betreuer nicht viel älter als wir, führte uns morgens in die Stellung und abends wieder zurück. Tagsüber war militärische Grundausbildung und Schulung angesagt. An zwei Tagen in der Woche kamen aber auch unsere Betreuungslehrer Schmitz und Pütz nach Gatow und erteilten so gut es ging Schulunterricht.

Anscheinend war der Einsatz der Schulbuben schon längere Zeit geplant und keine spontane Reaktion auf das Stalingraddesaster. Es waren jedenfalls schon Uniformen in ausreichender Menge für uns vorbereitet. Bluse, Hose und Mütze waren übliche Uniformstücke der Flieger-HJ, aber Stahlhelm, Koppel, Schnürschuhe und Wäsche einschließlich Fliegerhemd und Schlips gehörten zur Ausrüstung der Luftwaffensoldaten. Wir versuchten, daraus etwas zu machen, was möglichst nahe am Soldatenaussehen und möglichst fern vom HJ-Image war. Normalerweise gehörte die HJ-Bluse in die Hose und das Koppel durch die Gürtelschlaufen der Hose gezogen. Nun hatten wir aber auch Hosenträger wie die Soldaten bekommen. Also blieb die Bluse über der Hose, und das Koppel wurde darüber umgebunden. Das sah recht schick aus und wurde auch von den Vorgesetzten zunächst nicht beanstandet, weil noch entsprechende Vorschriften fehlten.

Für den Dienst in der Stellung bekamen wir auch Oberbekleidung wie die Soldaten. Da waren mitunter sogar noch Schulterklappen und Hoheitsabzeichen dran. Auch das erregte zunächst keinerlei Anstoß. Irgendwie ist das dann aber doch höheren Orts aufgefallen, und es gab entsprechende Befehle. Bei der Ausgehuniform musste die Bluse in die Hose, die HJ-Armbinde kam an den linken Ärmel, spezielle Schulterklappen und ein Aufnäher für die rechte Brusttasche mit Adler, Hakenkreuz und den Buchstaben LH kennzeichneten von nun an den Luftwaffenhelfer. Nach neun Monaten Dienstzeit wurde man zum Luftwaffenoberhelfer befördert und bekam eine silberne Litze auf den Schulterklappen. Bei der Innendienstkleidung mussten alle militärischen Kennzeichen entfernt werden, und die Hosenbeine mussten unten zugebunden und in die Socken gesteckt werden. So wurde der völkerrechtliche Status als ziviles Gefolge des Militärs herausgestellt.

Zwei Kameraden aus einer anderen Schule, die mit uns in Gatow waren, wurde die Militärwäsche zum Verhängnis. Beim Versuch, in die Schweiz zu gelangen, fand man bei der Gepäckkontrolle die Soldatensocken. Der Ausreiseversuch konnte zwar noch nicht als Fahnenflucht gewertet werden, war aber damit gescheitert.

Die ausführliche Schilderung unserer Uniformierung mag angesichts der Lebensbedrohung ringsum unangemessen erscheinen. Wer aber Kinder, Enkel und andere Heranwachsende in ihrer Entwicklung begleitet hat, der weiß, welchen Stellenwert die Klamotten, der Haarschnitt und vor allem die Musik für junge Leute haben, Heute muss das Outfit ‚cool‘ sein, damals wollte man ‚lässig‘ erscheinen. Die ‚Luden‘ (Haare) mussten lang sein, und nach der Musik musste man ‚hotten‘ können. All das stand, wie zu jeder Zeit, im Gegensatz zu den Erwartungen der Erwachsenen und war damals auch Protest gegen die Gängelung durch die Obrigkeit.

Abb. 2 Luftwaffenhelfer Helmut Grund in Gatow, neu
eingekleidet ohne HJ-Armbinde, Bluse über der Hose.

Mein Klassenkamerad Günter Stern hatte ein Radio mit nach Gatow gebracht. Das wurde im Spind versteckt und am Abend heimlich auf Empfang des Feindsenders BBC eingestellt. Die ganze Stubenbesatzung rückte dicht heran und wartete darauf, dass nach der Propaganda und dem schicksalsträchtigen ‚bum, bum, bum, , bum‘ Swing oder Jazz gespielt wurde, z. B. ‚Alexander‘s ragtime band‘ oder andere offiziell verpönte ‚Niggermusik‘. Später hatten wir ein Grammophon auf der Stube. Bernhard Dankelmann hatte es mitgebracht. Das musste nicht versteckt werden, und die verfügbaren Schallplatten übten nicht so einen verderblichen Einfluss aus.

Anfangs war der Tagesablauf so wie bei allen Rekruten. ‚In Dreierreihen antreten! Rechts um! Im Gleichschritt marsch! usw. Der schon erwähnte Uffz. Bulkowski führte uns auch mal zum Schwimmen ins Olympiastadion oder ins Kino auf dem Kasernengelände. Bei Abmarsch wurde durchgezählt und beim Wegtreten wieder Einer fehlte! Mein Freund Achim Schröder hatte es doch fertig gebracht, das einzige weibliche Wesen weit und breit während des kurzen Kinobesuches aufzureißen. Das hatte, wie das so üblich war, eine Kollektivstrafe nach sich. Der eigentlich Schuldige sollte dann von den ’Kameraden‘ seine Abreibung bekommen. Es fanden sich bei solchen Gelegenheiten auch immer einige Arschlöcher, die zu Diensten waren.

‚Bulli‘ hatte auch manchmal witzige Ideen. Weil ihn das laute Türzuschlagen im Schlafe störte, ließ er einmal eine Wache im Nachthemd mit umgeschnalltem Koppel und aufgesetztem Stahlhelm vor der Toilette aufziehen.

Nach einigen Wochen wurden wir zur Ausbildung an den Geschützen und Geräten eingeteilt. Man konnte wählen. Ich meldete mich zum Dienst am Funkmessgerät und war damit für meinen Freund Hellmut Hager ein ‚Tabellenritter‘. Von der Erstausbildung habe ich nicht viel mitgekriegt, weil ich mich krank meldete und ins Krankenrevier an der Heerstraße einzog.

Düppel

Bald darauf wurden wir von Gatow nach Düppel verlegt. Dort befand sich beiderseits der Stammbahn, die damals noch von Berlin-Zehlendorf bis Potsdam befahren wurde, eine 10,5 cm Großbatterie. Wir Luftwaffenhelfer bezogen dort eine von vier Baracken auf der Zehlendorfer Seite der Bahn bei den dortigen Tümpeln. Betreut wurden wir von Leutnant Kurras und einem Unterfähnrich. Eine richtige Aufgabe hatten wir noch nicht, erhielten aber eine etwas reichlichere Verpflegung als die Soldaten. Wenn etwas von der Milchsuppe übrig blieb, war sofort ein hungriger ‚Ivan‘ da, der den Rest gerne auslöffelte und dafür das Geschirr sauber machte, was einige von uns schamlos ausnutzten.

Der neue Standort unmittelbar an der Grenze zu Kleinmachnow war für uns sehr vorteilhaft. Viele Kameraden konnten zu Fuß nach Hause gelangen. Ich hatte mein Fahrrad bei Hagers in den Wendemarken untergestellt und konnte so ebenfalls einigermaßen bequem in das 10 km entfernte Großbeeren zu meinen Eltern fahren.

Der Dienst war weiterhin nicht gerade von kriegsentscheidender Bedeutung. Es gab z. B. den üblichen ‚Maskenball', bei dem man mehrmals hintereinander nach der Stoppuhr in verschiedener Ausrüstung antreten musste, zum Schluss noch drei Runden mit dem Strohsack auf dem Rücken um die Baracke drehen und anschließend den Stubenappel überstehen sollte. Der Morgenlauf an der Stammbahn entlang war schon sinnvoller. Auch für die Gesundheit wurde gesorgt. Wir wurden wie die Soldaten geimpft, und einmal kam sogar der Zahnarzt. Seitdem fehlt mir der linke obere Eckzahn.

Einmal erhielt ich den Auftrag, einen der Soldaten zu einer Übung nach Karlshorst zu begleiten, Dieser war ein Spezialist, der auf Grund seines guten räumlichen Sehvermögens ein tragbares optisches Entfernungsmessgerät nutzen konnte. Auf dem Flugplatz in Karlshorst wurden von mehreren Teams Messungen beim Anflug eines Tieffliegers geübt. Ich musste für meinen Soldaten Protokoll führen, das später ausgewertet wurde.

So ging die Zeit bis zu den Sommerferien um. Inzwischen hatten wir einen Anspruch auf Jahresurlaub mit kostenloser Heimfahrt erworben. Das musste ausgenutzt werden. So reifte der Plan für eine Urlaubsreise in die Alpen, für den ich auch meinen Freund Hellmut Hager gewinnen konnte. Meine Schwester Susi hatte ein Quartier am Achensee in Tirol besorgt, und los ging's vom damals noch existierenden Anhalter Bahnhof, wo uns außer meiner Schwester Hellmuts Vater verabschiedeten.

Die Bahnfahrt war für uns unerfahrene Buben ein Abenteuer. Wir trafen am Vormittag des folgenden Tages in München ein und mussten mehrere Stunden auf den Anschluss nach Innsbruck warten, eine gute Gelegenheit für eine Stadtbesichtigung. Man musste doch mal die Feldherrenhalle gesehen haben, die in der Geschichte der ‚Bewegung' eine so ruhmvolle Rolle spielte. Nun war die Stadt voller Uniformierter. Das hatte zur Folge, dass wir alle paar Schritte zur ‚Ehrenbezeigung durch Vorbeimarsch in gerader Haltung mit bis in Augenhöhe erhobenen, ausgestrecktem rechten Arm' genötigt waren. Meistens wurde uns etwas erstaunt zurückgegrüßt. Dann brauchte man es wohl nicht so genau zu nehmen, dachten wir. Und schon waren wir erwischt. Ein Major, den wir geflissentlich übersehen hatten, hat uns gehörig zusammengeschissen.

Auf den Bahnhof zurückgekehrt studierten wir erst mal den Aushang mit den Abfahrtzeiten und Abfahrtgleisen der Züge. Bei unserm Zug war auch die Station Innsbruck vermerkt. So fühlten wir uns nach dem Einsteigen ganz sicher und genossen den Blick auf das schöne Alpenvorland. Komisch kam uns nur vor, dass die Berge nicht näher rückten. Als wir dann nach etlichen Stunden in den Bahnhof von Salzburg einfuhren, war nicht mehr zu leugnen, dass etwas nicht stimmte. Eine Rote-Kreuz-Schwester hat uns in einen zur Abfahrt in Gegenrichtung bereitstehenden Militärtransportzug gesetzt. Es fand zum Glück keine Kontrolle statt, und wir kamen noch rechtzeitig nach Rosenheim, um in Richtung Innsbruck weiterfahren zu können. Aber der letzte Zug der Zahnradbahn von Jenbach nach Achensee war schon weg. So mussten wir im Bahnhofshotel in Jenbach übernachten, und zwar gegen Vorkasse.

Unser Quartier in Maurach am Achensee war sehr urig. Die Wirtsfamilie aß mit im Gastraum, aber anders als wir Gäste nicht jeder von seinem Teller, sondern alle gemeinsam aus einer Pfanne. Damals war der Ausdruck Teenager zwar noch nicht geläufig, doch sechzehnjährige Jungen benahmen sich auch nicht viel anders als die Jugendlichen heute. So fanden wir die Situation äußerst komisch und konnten kaum an uns halten. Neugierig waren wir aber auch und baten deshalb um eine Probe aus der Pfanne. Es hat gut geschmeckt, es war Polenta oder Plent, wie man in Tirol sagt.

Das Frühsommerwetter war gut und die Berglandschaft wunderschön. Wir haben viele Ausflüge unternommen, den See umrundet, Gipfel bestiegen, im eiskalten Bach geplanscht und Innsbruck besucht, wo wir mit der Seilbahn hinauf zum Hafelekar in 2269 m Höhe fuhren. Diese Unternehmungen entsprachen meiner romantischen Vorstellung, wie ein junger Mann die Welt kennenlernen sollte, am besten per pedes und den Skizzenblock dabei. Also wurden Malblock und Buntstifte gekauft, doch es wollte nicht recht gelingen, einen Wasserfall oder das Andreas-Hofer-Denkmal aufs Papier zu bringen. Dann sollten wenigstens ernsthafte Gespräche geführt werden, z. B. über meine Pläne, ein Himmelsfernrohr zu bauen. Hellmut musste das alles erdulden, hat sich aber nicht beschwert.

Dann hatten wir noch die kuriose Idee, unserm Physiklehrer, dem Studienrat Pütz, eine Ansichtskarte zu schicken und darauf eine Berechnung der beim Bergsteigen geleisteten Arbeit zu geben, natürlich in kgm als Maßeinheit, denn von Nm oder gar J war damals in der Schule noch keine Rede, nicht einmal von kp für die Kraft im Unterschied zu kg für die Masse. Mit diesem komplizierten Nebeneinander von sog. technischem und physikalischem Maßsystem wurden die Ingenieurstudenten noch bis in die sechziger Jahre des vorigen Jahrhunderts gequält.

Bei der Rückfahrt mussten wir in dem überfüllten Zug unsere Sitzplätze für würdigere Reisende frei machen. Es gab aber sogar etwas zu essen, und zwar einen Muschelsalat (ohne Marken!).

Stahnsdorf

Nach dem Urlaub noch vor dem Ende der Sommerferien wurden wir erneut verlegt. Der neue Einsatzort war eine 8,8-Batterie am Rande von Stahnsdorf in Richtung Ruhlsdorf. Von da aus war es nicht weit bis zu unserer Schule am Weinberg in Kleinmachnow. Wir durften unsere Fahrräder mit in die Flakstellung bringen, um zum Unterricht in die Schule fahren zu können. Auch für mich war der Weg nach Hause in Großbeeren nun mindestens 2 km kürzer.

Auf dem Schulweg hat es einmal einen schrecklichen Unfall gegeben. Unser Klassenkamerad Wolfram Buchwitz ist beim Überqueren des Teltower Damms von einem Lastwagen erfasst worden und starb noch an der Unfallstelle. Er wurde mit militärischen Ehren auf dem Kleinmachnower Friedhof beigesetzt.

Die Flakstellung in Stahnsdorf war bei unserm Eintreffen zwar schon kampfbereit, aber es fehlten noch ausreichend Unterkünfte. Wir wurden zunächst in sog. Wohnkoffern untergebracht. Diese Container konnten mit der Geschützlafette transportiert und am Bestimmungsort abgestellt werden. Sie waren mit jeweils drei dreistöckigen Betten und einem Tisch als zehntem Schlafplatz ausgestattet. Das Gepäck konnte unter dem Dach verstaut werden.

Bei sommerlicher Hitze und der Enge in dem Container war es schwer Schlaf zu finden. Nachdem der UvD (Unteroffizier vom Dienst) um zehn Uhr alles kontrolliert hatte und eigentlich Nachtruhe herrschen sollte, wurden mitunter noch heikle Themen diskutiert. Unser Klassenführer Hans Schulz-Mirbach, der schon früher Sexualkundeunterricht gemeinsam mit den Mädchen der Parallelklasse gefordert hatte (damals eine geradezu revolutionäre Idee), stellte die Frage, ob jemand schon mal ein Mädchen geküsst habe. Es wollte sich aber keiner outen, wie man heute sagen würde. Aber es kam auch anderes zur Sprache. Der später verunglückte Wolfram Buchwitz berichtete von der Relativitätstheorie und der ungeheuren Energiemenge, die man durch Kernspaltung freisetzen könne.

Inzwischen mussten die Baracken aufgestellt werden. Wir Luftwaffenhelfer durften nicht zur Arbeit herangezogen werden. Da setzte unser Batteriechef Obltn. Radloff eben ‚Bastelstunden' an. Mit der Zange mussten die alten Nägel aus den Brettern gezogen und mit dem Hammer gerade geklopft werden. Wir von der

Messstaffel bekamen eine eigene Baracke mit drei Stuben. Helmut Grund, Bernhard Dankelmann, Peter Nölle, Henning Dommes und Heinz Schwarz waren für die nächsten Monate meine Stubenkameraden. Der Siebente im Bunde, Siegmar Deichert, war in der Nachbarstube bei den inzwischen nachgerückten Schülern der nächstjüngeren Klasse untergebracht. In der dritten Stube wohnten Schüler aus Zehlendorf.

Abb. 3   von links: Helmut Grund (KG), Konrad Probsthain (FuMG). Peter Nölle (FuMG), Bernhard Dankelmann (KG). Henning Dommes (Umwertung). Es fehlt von der Stubenbelegschaft Heinz Schwarz (KG)

Wir waren nun für längere Zeit auf engem Raum zusammen und kamen uns in der Freizeit auch zunehmend näher. Einige Kameraden spielten in jeder freien Minute Skat um ein Zehntel Pfennig. Das war die zugelassene Obergrenze. Peter Nölle, der auf höherem

Niveau agierte – er hatte schon unsere Schülerzeitung
‚Der Spitzenreiter' herausgegeben und redigiert – regte
Streitgespräche nach altgriechischem Vorbild an. Die
kamen aber nicht zustande. Allenfalls wurden, wie es in
der ganzen Wehrmacht Mode war, Scheindiskussionen
über die jeweiligen Vorzüge und Nachteile von Gas- und
Elektroherden geführt. Ein Zehlendorfer Schüler hatte
aus dem Bücherschrank seines Vaters die Memoiren
Casanovas mitgebracht. Das Buch ging von Hand zu
Hand. Es war für uns so aufregend, dass es beim Lesen
schon mal etwas eng und feucht in der Unterhose wurde.

Abb. 4 Unsere Baracke in Stahnsdorf (unsere Stube v. r.
6 Mann, v. l. Schüler des Human. Gymn. Zehlendorf,
Stube hinten jüngerer Jahrg. Kleinmachnower)

In Stahnsdorf war kein Offizier oder Unteroffizier mehr
für die Betreuung der Luftwaffenhelfer abgestellt
worden. Dafür wurde ein Luftwaffenhelfer-
mannschaftsführer eingesetzt. Aus unserer Mitte war es

Heinz Oske, der sich schon als HJ-Führer hervorgetan hatte. Er bekam einen Stern auf der Schulterklappe als Funktionsabzeichen. Ansonsten wurden wir den einzelnen Bedienungsmannschaften zugeteilt und hatten gemeinsam nur noch Schulunterricht.

Eine Batterie der schweren Flak war ein komplexer Organismus, bei dem kein Teil für sich alleine operieren konnte. Es galt, ein im Raume frei bewegliches Ziel unter Berücksichtigung der Ballistik zu treffen. Dazu musste man als Erstes das Ziel mit Seite, Höhe und Entfernung orten, also den räumlichen Vektor vom eigenen Standort zum Ziel bestimmen. Bei Tageslicht und klarem Himmel konnte man das Ziel mit dem Fernrohr anpeilen und somit Seiten- und Höhenwinkel ermitteln. Andernfalls war man noch Anfang des Krieges auf akustische Messmethoden angewiesen. Eine benachbarte Scheinwerferabteilung hatte zu diesem Zweck noch einen sog. Ringtrichterrichtungshörer in Betrieb. Einen Durchbruch brachte die Einführung der funktechnischen Ortung, das Radar. Dieser Ausdruck war allerdings damals völlig unüblich, unser Gerät hieß Funkmessgerät FuMG.

Man war nun nicht nur unabhängig von den Sichtbedingungen. Auch das Problem der Entfernungsmessung war nach dem Echolotprinzip gelöst Denn diese Messung war mit optischen Methoden selbst bei klarer Sicht sehr schwierig. Man brauchte Leute mit sehr gutem räumlichem Sehvermögen, wie schon bei der oben erwähnten Übung in Karlshorst gezeigt. Das bei der leichten Flak eingesetzte Gerät war ein Prismenfernrohr, bei dem die beiden Objektive 1 m Abstand hatten und bei dem im Durchblick eine feste virtuelle Entfernungsskala sichtbar war. Die Messdaten wurden mündlich weitergegeben. Ein ähnliches Prinzip wurde auch bei dem mit dem sog. Kommandogerät verbundenen optischen Entfernungsmesser angewendet, nur war jetzt die Basislänge 4 m, eines der beiden Objektive winkelverstellbar und dadurch eine Entfernungsmarke virtuell im Raume beweglich. Wenn diese Marke virtuell bei dem anvisierten Ziel war, ergab sich die Entfernung nach einfachen trigonometrischen Regeln. Zwangsläufig nimmt die Messgenauigkeit mit der Entfernung ab.

Abb. 5 Kommandogerät vorn, Radar ‚Würzburg' hinten. Vorn r. Bernhard Dankelmann, h. Mitte Helmut Grund.

Physikalisch-technische Probleme fand ich schon damals sehr interessant. Der Erfindergeist trieb auch bald Blüten.

Statt eine virtuelle Marke zu verfolgen, könnte man doch ein reelles Bild auf einer Mattscheibe scharf stellen und so die Entfernung ermitteln, wie ich meinte. Der ,Realbildmesser' war erfunden. Diese Idee habe ich zunächst unserm Physiklehrer Pütz vorgetragen und dann trotz seiner zaghaften Einwände als Verbesserungsvorschlag bei der Wehrmacht eingereicht. Fast ein Jahr später, Ende Juli 1944, kam ein Antwortschreiben. Mein Vater hat es einem seiner Feldpostbriefe beigelegt und mich zu trösten versucht.

Der Weg nach oben ist steinig und mit Enttäuschungen gepflastert. Das haben alle wahrhaft großen Männer erfahren müssen. Wenn sich nun auch Deine Arbeit noch nicht praktisch auswerten lässt, so hat sie Dich sicher ein Stück weiter gebracht.

Nun, das FuMG war schon erfunden. Es hatte einen metallenen Parabolspiegel von 3 m Durchmesser, in dessen Brennpunkt ein sog. Umlaufdipol als Sende- und Empfangsantenne angebracht war. In dessen Stellungen oben, unten, rechts und links wurde jeweils ein kurzer Radioimpuls einer bestimmten Wellenlänge gesendet. Traf dieser auf ein Hindernis, z. B. ein feindliches Flugzeug, so wurde der Strahl reflektiert und von der Antenne wieder erfasst. Die empfangenen Signale wurden auf dem Schirm von Braunschen Röhren sichtbar gemacht, und zwar je auf einem die Echos von links und rechts und von oben und unten. Auf dem Schirm einer dritten Röhre erschien das Echo je nach Laufzeit gegenüber der Ausstrahlung verzögert.

Zur Bedienung des Gerätes wurden außer dem Geräteführer mindestens 6 Leute benötigt. Der B1 saß ähnlich wie in einem Motorradbeiwagen fest mit dem Gerät verbunden. Auf Befehl konnte er motorgetrieben einen schnellen Schwenk ausführen. Hatte er dann in der vorgegebenen Richtung ein Signal erfasst, musste er das Gerät manuell mit Hilfe einer kleinen Kurbel so ausrichten, dass die Echos von links und rechts gleich stark waren. B2 und B3 liefen auf einem Gitterrost und guckten durch eine Röhre als Blendschutz auf den jeweiligen Schirm für den Höhenwinkel und die Entfernung. Sie mussten ebenfalls das Gerät entsprechend kontinuierlich justieren. Alle drei waren durch eine Plane abgeschirmt.

B4 bis B6 saßen außerhalb dieser Plane auf Sätteln, die mit dem Gerät verbunden waren und somit jeden Schwenk mitmachten. Sie waren mit Kehlkopfmikrofonen und Kopfhörern ausgerüstet und mussten fortlaufend die ermittelten Werte für Seite, Höhe und Entfernung laut von entsprechenden Skalen ablesen, um sie an das Kommandogerät weiterzugeben. Eine ähnliche Prozedur lief auch im zugehörigen Bunker ab. Dort saßen drei Mann an dem sog. ‚Kindersarg‘ und lasen fortlaufend die drei Skalen ab. In einem anderen Bunker, der sog. Umwertung, gaben entsprechende Bedienungsleute diese Werte mit Kurbeln in einen mechanischen Analogrechner ein, Das war ein großer Tisch mit einem Gewirr von Rollen und Schnüren. Dieser Apparat wandelte den Vektor zum Ziel in dessen kartesische Koordinaten um. Diese wurden wiederum an die zentrale Feuerleitstelle durchgesagt, von der aus nicht nur die einzelnen Flak-Batterien, sondern auch der Jagdfliegereinsatz gesteuert wurden.

Für die interne Verarbeitung der Messdaten sowohl vom FuMG als auch von dem oben erwähnten optischen Entfernungsmessgerät auf 4 m-Basis war das Kommandogerät da. Es war ein Blechkasten im drehbaren Sockel des Zielfernrohres. Das Innere dieses Kastens muss ein Wunderwerk der Mechanik gewesen sein, natürlich streng geheim. Dieser Apparat konnte immerhin die Position des Zieles im Moment des Zusammentreffens mit den abgefeuerten Granaten nicht nur bei Geradeausflug, sondern auch bei Richtungsänderung berechnen, und das ohne ,Intel inside'. Allerdings war eine stattliche Bedienungsmannschaft erforderlich.

Hier war auch der Gefechtsstand mit dem Batteriechef Oblt. Radloff und dem Führer der Messstaffel Ltn. Wipper. Von hieraus gingen die Richtwerte und Befehle an die etwa 100 m entfernt stehenden Geschütze. Auch dort waren wie bei dem Messgeräten jeweils drei Kanoniere erforderlich, die fortlaufend die Ausrichtung der Geschütze gemäß den vom Kommandogerät übertragenen Werten für Seiten- und Höhenwinkel sowie anstelle der Entfernung die Zünderlaufzeit nachjustierten. Auf ein akustisches Signal hin wurden alle Geschütze gleichzeitig geladen und abgefeuert. Wenn alle Beteiligten exakt gearbeitet hatten, konnte man bei guter Sicht am Himmel einen Kranz von fünf Explosionswölkchen in Form eines regelmäßigen Pentagons sehen, so wie die Geschütze am Boden aufgestellt waren. Ob das angepeilte Flugzeug wie vorausberechnet an der gleichen Stelle war, ist eine andere Frage.

Abb. 6 8,8-cm-Flak – Die weißen Ringe am Kanonenrohr kennzeichneten die Flugzeugabschüsse mit anerkannter Beteiligung der Batterie. Bernhard Dankelmann und Helmut Grund vorn links und Mitte.

Der Personalbedarf war, wie aufgezeigt, sehr groß. Deshalb hatte man schon vor uns Schülern sog. Hilfswillige oder Hiwis eingesetzt. Das waren hauptsächlich gefangene Sowjetsoldaten, die sich bei der Flak eine bessere Behandlung erhofften als im Lager oder sonst wo. Sie übernahmen die körperlich schweren Aufgaben wie den Munitionstransport. Untergebracht waren sie meistens in sog. Finnenzelten, auch wenn für die Soldaten und LwHs schon längst feste Baracken errichtet waren. Wie sie behandelt wurden, hing natürlich auch von den jeweiligen Vorgesetzten ab. In Gatow erschienen sie jeden Tag zum Morgenappell in Marschkolonne, ein russisches Lied auf den Lippen. In Düppel waren sie dagegen vom Morgenappel ausgeschlossen, hatten aber mehr Bewegungsfreiheit. Ein altgedienter Stabswachtmeister väterlichen Gemüts war ihr Vorgesetzter. An lauen Sommerabenden saßen sie oft bei den Teichen um ein Lagerfeuer, sangen russische Lieder und tanzten Kasatschok.

Abb.7 Finnenzelt, Unterkunft nicht nur für die ‚Hiwis'. Nach Verlegung der Batterie von Stahnsdorf nach Siethen (Foto) hausten auch Lwh darin.

In Stahnsdorf hatten die Russen nicht so viel Freiheit. Und als einer der Ihren außerhalb der Stellung aufgegriffen und anschließend ‚auf der Flucht erschossen' worden war, gab es harte Sanktionen. Der Leichnam wurde zur Abschreckung am Eingang des Quartieres seiner Kameraden abgelegt. Außerdem ordnete Oblt. Radloff Strafexerzieren für die Hiwis an, bei dem er selbst die Aufsicht führte. Das ganze Unteroffizierscorps musste anrücken und den gegebenen Befehlen mit dem Gewehrkolben Nachdruck verleihen. Nach Kriegsende ging es den ehemaligen Kollaborateuren wahrscheinlich noch schlechter. Stalin kannte bekanntlich keine Gnade, wie selbst sein eigener Sohn zu spüren bekam.

Auch Hermann Göring, der Oberbefehlshaber der Luftwaffe, hatte wenig Sympathie für die Hiwis. In seiner Rede vom 21. Juli 1944, von der später noch ausführlich zu berichten sein wird, tut er so, als ob er gar nichts mit deren Einsatz zu tun hätte:

> ..leider sind zum Teil sehr viele von den sogenannten Hilfswilligen, die kein deutsches Wort verstehen, in deutsche Uniformen gekleidet worden. Warum? Weil zum Schluss bei diesen Ostdivisionen jeder einzelne Soldat glaubte, seinen eigenen Putzer halten zu können. Und als es dann zum Kampf kam, da war dieses Gesindel eine unerhörte Belastung … Ich verbiete daher, dass irgendein Hilfswilliger … in der Uniform der Division erscheint. Dort, wo man sie braucht, sind sie von Hause aus kenntlich zu machen …

und gebraucht wurden sie bei der Flak allemal.

Die regulären Flaksoldaten wurden immer mehr durch Hilfskräfte ersetzt. Bis Anfang 1944 verblieben außer den Offizieren und Unteroffizieren nur noch die Ladekanoniere an den Geschützen und die wichtigsten Bedienungsleute an den Geräten übrig. Am FuMG hatte der Uffz. Stender, im Zivilberuf ein Prediger, das Kommando, B1 bis B3 waren noch Soldaten. Alle übrigen Funktionen wurden von uns LwHs besetzt, aus unserer Gruppe Siegmar Deichert als B4 für die Seite, ich als B5 für die Höhe und Peter Nölle als B6 für die Entfernung. Gleichzeitig waren wir drei auch Vertretung für B1, B2 und B3. Für die fernmündliche Übertragung war regelmäßig eine Leitungsprobe erforderlich, Statt ,Hier ist die Höhe' habe ich kleiner Schelm stets ,Das ist die Höhe!' gemeldet.

Es gab in dieser Zeit immer öfter feindliche Luftangriffe auf Berlin, vornehmlich nachts durch britische Bomber. Die Alarmglocke hing direkt über meinem Bett. Manchmal bin ich trotzdem nicht rechtzeitig aufgewacht, so dass mich meine Stubenkameraden rütteln mussten. Dann schnell in die Klamotten schlüpfen, den Stahlhelm auf und im Laufschritt jeder auf seinen Posten eilen. Wenn am nächsten Tage Schulunterricht war, ließ die Aufmerksamkeit oft zu wünschen übrig. Auch unsere Lehrer hatten zu Hause im Luftschutzkeller gezittert, Unser Herr Schmitz wollte manchmal seine Erlebnisse bei uns abladen. Dann war die Lateinstunde fast um, und Cäsars ,Gallischer Krieg' war noch nicht übersetzt. Herr Schmitz meinte aber, weshalb solle er uns Buben noch mit Latein traktieren, wenn die meisten von uns ohnehin in den nächsten Monaten totgeschossen sein werden.

Einen besonders schweren Angriff gab es in der Nacht vom 01. zum 02. Januar 1944. An diesem Neujahrsabend hatte ich gerade Stubendienst und musste somit dem UvD (Unteroffizier vom Dienst) bei dessen Stubenabnahme um 22.00 Uhr Meldung machen. Da ja Feiertag war, meldete ich nicht so bierernst wie üblich: „Staub gleichmäßig verteilt, Spinnenweben gerade aufgehängt … „. Uffz. Dörn, ein bärbeißiger Mann, fand das gar nicht witzig. Also mussten alle Mann wieder aus den Betten und bis zur nächsten Abnahme nach einer Stunde die Stube putzen. Kaum eingeschlafen schrillte die Alarmglocke. Ringsum fielen Bomben, und unsere Batterie feuerte, was das Zeug hielt. Da drohte auf dem Höhepunkt des Kampfes unser FuMG wegen Überlastung auszufallen. Nun kam mein wohl kriegswichtigster Einsatz in meiner militärischen Laufbahn. Ich wurde in den Erdbunker geschickt, wo sich die Stromversorgung für das FuMG befand, und musste mit allen Fingern gleichzeitig die Sicherungsautomaten am Auslösen hindern

Abb. 8 Unsere Baracke brennt. Bild rechts: Uffz. Dörnen

Als die Bomber abgezogen waren, sprühten allerorten noch die Brandbomben, von denen in der Nähe die meisten im Erdreich stecken geblieben waren. Eine hatte jedoch unsere frisch geputzte Baracke getroffen. Mir ist es nicht mehr gelungen, meine Sachen, Schulbücher u. s. w., herauszuholen. Zum Glück stand mein Fahrrad etwas abseits der Baracke in einem Finnenzelt. Auch meinen Rucksack mit einigen Kleidungsstücken hatte ich wie üblich hinter dem Wall, der die Baracke umschloss, in den Graben geworfen. Wir mussten nun eine Notunterkunft in der Baracke der Soldaten beziehen.

Mein Stubenkamerad Helmut Grund erzählt die Geschichte etwas anders, als ich sie im Gedächtnis habe:

Nachdem der Lwh Probsthain den UvD (Uffz. Dörnen) von seinem oberen Bett mit aufgesetzter Gasmaske begrüßte, weil unter ihm der Lwh Schwarz zu viel gefurzt hatte, musste von uns zur Strafe nochmals die Bude auf ‚Hochglanz' geschrubbt werden. Kurz nach Abnahme vom UvD gab es Alarm und ca. 1 Stunde später brannte die Baracke ab.

Vor dem Schulhaus in Großbeeren, in dem meine Eltern wohnten, war eine Luftmine hochgegangen. Fast alle Fenster waren zersprungen und umherfliegende Trümmer hatten einen Lüster an der Decke getroffen. Für die Zivilbevölkerung in den Luftschutzkellern waren die Angriffe der feindlichen Bomber noch schwerer zu ertragen als für uns Vaterlandsverteidigern in den Flak-Stellungen. Man war völlig hilflos der Bedrohung ausgesetzt. Als ich einmal einen schweren Angriff zuhause erlebte, konnte ich das Zähneklappern nicht unterdrücken.

Trotz der ständigen Bedrohung Berlins durch Luftangriffe wurde unsere Batterie Ende Januar 1944 aus dem Verteidigungsring abgezogen und nach Stolpmünde in Pommern zu einer Schießübung auf ein Zielflugzeug über der Ostsee geschickt. Die Geschütze und Geräte wurden auf Güterwagen verladen, und wir reisten auf einem Strohlager im Viehwagen mit. Nach der Ankunft auf dem Übungsgelände schlugen wir ziemlich nutzlos die Zeit tot. Mal wurden wir unter die Dusche geschickt und mal ins Kino geführt. Ich wollte meine Eltern natürlich nicht ohne Nachricht lassen und schrieb ihnen auf einer Ansichtskarte, was wir wo so trieben. Die abgehende Post wurde offenbar kontrolliert, wobei meine Karte unangenehm auffiel. Vor versammelter Mannschaft wurde ich zusammen mit meinem Stubenkameraden Bernhard Dankelmann vom Batteriechef Oblt. Radloff wegen Geheimnisverrates zu drei Tagen Arrest verdonnert.

Ich habe noch versucht, mich bei einem erfahrenen Gefreiten zu erkundigen, wie es sich wohl im ‚Bunker‘ anfühlt, was aber von dem zuständigen Stubenältesten, einem unangenehmen Uffz-Anwärter, unterbunden wurde, brauchte aber den Knast nicht mehr anzutreten, weil mein Jahrgang inzwischen zum RAD (Reichsarbeitsdienst) einberufen worden war. Wie es meinem Freund Bernhard, Jahrgang 1927, erging, weiß ich nicht. Er ist noch in den letzten Kriegstagen gefallen.

Der Dienst bei der Heimatflak wurde von uns Buben sicherlich emotional angenommen, galt es doch, alles, was einem lieb und teuer war, gegen die Terrorangriffe der feindlichen Bomber zu verteidigen. Der Jubel war groß, wenn einer der Angreifer vom Himmel geholt worden war. Unsere Batterie war recht erfolgreich. Ich erhielt für meine Mitwirkung am Funkmessgerät (Radar) das Flak-Kampfabzeichen.

Bald wuchsen aber die Zweifel am Sinn des ganzen Unterfangens. Trotz des drohenden Niedergangs und der Ausblutung der Streitkräfte gab es noch genügend Spielraum für Drückebergerei, z.B. als Ausbilder im Wehrertüchtigungslager oder als Führer beim Reichsarbeitsdienst. Diese brauchten, um nicht an die Front zu müssen, immer wieder junge Leute zum Schikanieren. So blieb mir beides nicht erspart, einmal für drei Wochen in Ziegenort bei Stettin und dann für drei Monate in Masuren, Ostpreußen.

Wehrertüchtigungslager

Wer zur Wehrertüchtigung herangezogen werden sollte, wurde vermutlich ohne Rücksicht auf anderweitige Verwendung ausgelost. So traf mich die Einberufung im Herbst 1943 überraschend. Meine Vorgesetzten hatten nichts dagegen. Auf dem Bahnhof in Ziegenort (heute polnisch Trzebież) traf ich einen weiteren LwH. Die anderen Teilnehmer hatten die Schule schon hinter sich und kamen aus den nördlichen Stadtteilen Berlins. Ich wurde zum Stubenältesten bestimmt. Unsere Uniformierung war indifferent. Man hätte uns auch für

Kriegsgefangene halten können. Nun ging es wieder los mit ‚stillgestanden‘, ‚rechts um‘, ‚links um‘, ‚hinlegen‘. ‚Sprung auf, marsch, marsch‘, was ich eigentlich schon hinter mir zu haben glaubte. Neu war aber die Einweisung zum Gebrauch des Karabiners 98k. Die Frage ‚in wie viel Teile zerfällt der Karabiner 98k‘? hätte man natürlich gerne mit ‚kommt ganz darauf an, wie man ihn hinschmeißt‘ beantwortet.

Zum Abschluss der Übung sollten wir das HJ-Leistungsabzeichen erwerben. Dafür musste man gewisse Anforderungen u. a. in Geländekunde, Luftgewehr-schießen und Sport erfüllen. Für den Sport fehlte uns allerdings die passende Kleidung. So musste ich den 3-km-Lauf auf Wollsocken absolvieren. Weil ich alles so brav gemacht hatte, wollte mich unser Ausbilder, ein Feldwebel, für die Panzerdivision ‚Großdeutschland‘ anwerben. Ich konnte mich diesem Ansinnen aber unter Hinweis auf bereits anderweitig eingegangene Verpflichtung entziehen.

Der Karabiner 98k gehörte zur Standardausrüstung des deutschen Soldaten im 2. Weltkrieg und war eine Schuss-, Hieb- und Stichwaffe, letzteres mit aufgesetztem Seitengewehr. Die Zahl 98 steht für das Einführungsjahr 1898 des Grundmodells und k für die Version kurz, die ab 1935 verwendet wurde. Es handelte sich um ein Repetiergewehr für 5 Schuss. Die Soldaten der Roten Armee waren dagegen großenteils mit Maschinenpistolen ausgerüstet, die Dauerfeuer ermöglichten

Abb.9 Mit Noelle's Mercedes 170 V auf Schwarzfahrt kurz vor Antritt beim Arbeitsdienst Ende Februar 1944.

.

Reichsarbeitsdienst

Die Einberufung zum Reichsarbeitsdienst betraf alle meine Schulkameraden des Jahrgangs 1926, während die jüngeren noch bei der Flak blieben. Wir mussten unsere Uniformen abgeben und hatten noch ein paar Tage frei. Meine Kleidung war inzwischen ziemlich ausgewachsen, wie man auf dem Foto von unserm Abschiedsbesuch in der Flakstellung sehen kann. Unser dortiger Auftritt im Mercedes war eine rechte Provokation, die aber ohne Folgen blieb. Peter Nölle hatte das Auto seines Vaters extra für diesen Zweck ,ausgeliehen', ohne Führerschein und entgegen der Nutzungsbeschränkung auf kriegswichtige Fahrten. Außer mir durften Manfred Blasig und dessen Freund mitfahren, alle in Zivil.

Am 15. Februar 1944 versammelten wir uns mit dem obligatorischen Persil-Karton als Gepäck zur Abfahrt nach Ostpreußen zum RAD. Es war wahrscheinlich am Schlesischen Bahnhof, heute Ostbahnhof. Außer uns Machnowern waren noch viele andere Einberufene da. Es gelang uns aber, als Gruppe zusammenzubleiben. Die Reise in der Holzklasse eines regulären D-Zuges war einigermaßen komfortabel. Als wir uns dem Ziel nach Stunden näherten, meinte mein Schulkamerad Horst Schoppe beim Blick aus dem Fenster, dass es hier viel Gegend gebe. So war es dann auch. Es war sogar eine gottverlassene Gegend in Masuren zwischen Allenstein und Lyck. Das Dörfchen, dessen Namen ich vergessen habe, hatte ein zweisprachiges Ortsschild. Die Baracken des RAD-Lagers waren etwas außerhalb gelegen, nur ein paar Häuser gab es an der vorbeiführenden Straße. In einem dieser Häuser wohnte der Abteilungsführer, ein Oberfeldmeister, mit seiner Familie.

Zur Einteilung der Abteilung in Trupps mussten wir der Größe nach antreten. Da wir Machnower aber möglichst zusammenbleiben wollten, haben sich einige von uns etwas geduckt und andere auf die Zehenspitzen gestellt. So bildeten wir die Mehrheit des 2. Zuges, obwohl Jürgen Malzahn, gen. Tiny (englisch:winzig), gut einen Kopf kleiner war als Peter Nölle. Wir waren ein renitenter Haufen und haben nicht nur unsern Truppführer, den Obervormann Fenner, sondern auch den zweiten Oberfeldmeister mit ihren Marsch-Marsch-Befehlen auflaufen lassen.

Eigentlich herrschte beim RAD ein Gesellschaftssystem wie zu Zeiten der Leibeigenschaft. Die Führer hatten Privilegien wie früher die Gutsherren, und wir sollten das Gesinde sein. Die Unterführer spielten die Rolle von Gutsverwaltern und Großknechten. So saßen die Führer im Speisesaal erhöht auf der Bühne und wurden von Ordonanzen bedient. Die Truppführer unterer Ränge saßen hingegen jeweils am Kopfende eines Tisches und ließen sich von ihren Leuten die Kartoffeln pellen. Es herrschte Sprechverbot. Weil ich mal dagegen verstoßen hatte, wurde ich zur Strafe nach Feierabend zum Küchendienst geschickt. Der Koch war mit meiner Hilfe zufrieden und hat mir zur Belohnung eine große Portion Wurstzipfel und Brotkanten mitgegeben. Meine Stubenkameraden haben sich gefreut. Es gab unter den Funktionären doch ab und zu nette Leute, aber sehr selten.

Es war alles darauf angelegt, die Untergebenen niederzudrücken bis sie bedingungslos gehorchen. So sollte man sich den ganzen Tag über im Laufschritt bewegen. Der Zeitplan wurde extra knapp bemessen, ob für die Morgentoilette oder die Mittagspause. Selbst auf der Latrine sollte man keine Ruhe finden. Deshalb gab es dort keine Türen, und die Sitze waren schräg nach vorne geneigt. Bei uns funktionierte diese Erziehungsmethode zur Überraschung der Arbeitsdienstführer jedoch nicht wie gewohnt. Wir vom ersten Luftwaffenhelferjahrgang waren schließlich schon 'alte Hasen' und oft erfahrener als mancher Unterführer. Besonders bitter war es wahrscheinlich für den Oberfeldmeister, der selbst noch keinen Orden an der Brust hatte, dass er unserm

Kameraden Gutsche aus Teltow vor versammelter Mannschaft das Kriegsverdienstkreuz 2. Klasse überreichen musste, das diesem für seine Verdienste bei der Flak verliehen worden war.

Gutsche, der anfangs noch ein ‚strammer Marschierer‘ war, hat sich unter dem Einfluss von uns Machnowern zum Sündenbock gewandelt. Obervormann Fenner schimpfte: „Der Guutsche, das ist ein Individubum!" Mir hat er sehr imponiert. Einmal gab es abends Ausgang. Gutsche und ich hatten aber Wachdienst. Bei unserm nächtlichen Rundgang sprachen wir auch über die Schule. In seiner Lichterfelder Schule waren sie schon bei der Differentialrechnung. So sah also die höhere Mathematik aus. Faszinierend! Ob ich wohl jemals soweit vordringen werde?

Die Ausbildung im RAD-Lager war ohne Belang, Außer den üblichen militärischen Exerzierkommandos gab es noch die Spatengriffe ‚den Spaten über‘, ‚Achtung, Spaten fasst an‘, ‚Spaten ab‘ und ‚habt Acht‘ zu lernen.

Schon nach wenigen Wochen (vor dem 23.03.1944) wurden wir zum Arbeitseinsatz nach Groß Schiemanen bei Ortelsburg verlegt. Der zweite Oberfeldmeister, den wir ziemlich fertig gemacht hatten, war durch einen ‚scharfen Hund‘ abgelöst worden, vor dem nun alle kuschten. Ich habe das erst später mitgekriegt, weil ich mich mit Mittelohrentzündung krank gemeldet hatte. Im Krankenrevier bekam ich Rotlichtbestrahlung und durfte im Übrigen in der Stube bleiben. Die Kameraden bekamen zum zweiten Mal Ausgang, wieder ohne mich.

In Groß Schiemanen gab es damals einen Militärflugplatz mit zugehörigen Kasernen, die aber größtenteils unbelegt waren. Auch die Infrastruktur war nicht intakt. Z. B. mussten wir das Wasser für die Küche in Milchkannen von dem etwa hundert Meter entfernten Zapfhahn herbeischleppen. Peter Nölle und ich haben in dieser Zeit viel gemeinsam gemacht, und zwar nach Vorschrift. Für den Wassertransport musste das Tragejoch mit der Kanne auf Kommando auf die Schultern gehoben werden, Dann ging es im Passgang los, d. h. der Vordermann mit dem linken Bein, der Hintermann mit dem rechten und dann abwechselnd umgekehrt. So geriet die Kanne nicht in Schwingungen. Das brauchte aber seine Zeit. Ähnlich vorschriftsmäßig haben wir auch streichholzdicke Baumstämmchen transportiert, d. h. auf Kommando ‚hebt an‘, dann ‚im Passgang Marsch‘ und schließlich ‚werft ab‘. Der Vormann meinte, das könne er doch ganz alleine, und wir waren unser Bäumchen los.

Auf dem Flugplatz war weit und breit kein Flugzeug zu sehen. Vor uns hatten offenbar schon andere Arbeitskolonnen angefangen, Splitterschutzwälle für abzustellende Flugzeuge zu bauen. Wir sollten diese mit einem Verhau aus Kiefernholz verstärken. Nach unserm Abzug sah aber die Baustelle nicht viel anders aus als vorher.

Mein Vater sah die Dinge wohl ernster als wir. So schrieb er am 31. März 1944 in einem Feldpostbrief:

> *Ich hatte schon Sorge, man würde Euch als RAD-Männer gleich an die Ostfront schicken. Was baut Ihr denn dort? Richtet Ihr etwa schon Aufnahmestellungen her? Für den Laien sieht die*

Lage an der Ostfront ja recht bedrohlich aus. Hoffentlich sind die Soldaten anderer Meinung.
Wir haben von dem Weltgeschehen wie dem Vorrücken der Roten Armee im Frühjahr 1944 kaum etwas mitbekommen.

Das Notabitur und Meldung als Kriegsfreiwilliger

Kurz nach Ostern (09./10.04.1944) wurden wir nach Hause entlassen. Das Problem mit der ausgewachsenen Zivilkleidung hatte sich inzwischen verschärft. Ich hatte praktisch nichts zum Anziehen. Der Hausarzt meiner Eltern in Großbeeren hat mir erst mal mit Jacke und Hose aus seinem Kleiderschrank ausgeholfen. Dann hat mein Schwager in spe, der Verkäufer im Modehaus Herzog in Berlin war, einen neuen Anzug für mich ohne Bezugschein besorgt, nach den Erfahrungen natürlich auf Zuwachs. Eine Kleiderkarte bekam ich nun auch. Die wenigen Anrechtspunkte habe ich zusammen mit Hellmut Hager in Potsdam für Unterwäsche und Socken eingelöst. Das war im Übrigen ein schöner Ausflug mit einer abschließenden Dampferfahrt von Potsdam nach Wannsee.

Schon während des RAD-Einsatzes hatten wir uns Gedanken darüber gemacht, wie wir die kurze Zeit bis zur Einberufung zum Wehrdienst nutzen könnten. Dabei ging es nicht nur darum, wie ich eine hübsche Mitschülerin, für die ich heimlich schwärmte, am besten anbaggern sollte. Die Versuche sind leider fehlgeschlagen, da sie schon in festen Händen war. Sehr wichtig war uns auch, unsern Schulabschluss aufzubessern. Bei der Einberufung zum RAD hatten wir bereits die sog. Vorsemesterbescheinigung erhalten, die nach dem Kriege die Aufnahme eines Studiums ohne erneuten Schulbesuch ermöglichen sollte. Nun ging es um den Erwerb des begehrten ‚vorzeitigen Reifevermerks', das Notabitur. Dafür war die Versetzung in die 8. Klasse Voraussetzung. Die Zeit war aber verdammt knapp.

Zum Glück hatten Peter Nölles Eltern einen guten Draht zu unserm Schulleiter Dr. Heinrich Banniza von Bazan, der für uns kurzzeitig eine 7. Klasse einrichten sollte. Es drohte aber die Einberufung zur Infanterie noch vor Schuljahresende und damit vor dem frühestmöglichen Versetzungstermin. Wie wir durch unsern Klassenkameraden Günter Stern, dessen Vater als Feldwebel im Wehrersatzkommando Potsdam tätig war, erfahren hatten, zog die Luftwaffe zwei Wochen später ein als das Heer. Also schnell noch freiwillig zur Luftwaffe melden. Günter Sterns Vater sollte dabei helfen.

Ich habe natürlich meine Eltern über mein Vorhaben informiert.

Mein Vater schrieb mir am 22.03.1944 in einem Feldpostbrief:
> *Wenn Du Dich freiwillig zum Wehrdienst melden willst, so habe ich nichts dagegen. Ich möchte Deinem Wunsche nicht entgegenstehen. Mutti wird der Entschluß sehr schwer, das ist schließlich verständlich. Aber Du musst tun, wozu Dich Herz und Verstand treiben.*

Mein Herzenswunsch war es sicherlich nicht, Soldat zu werden. Man kann sich aber in die Denkweise von damals kaum zurückversetzen.

Die Meldung als Kriegsfreiwilliger rührte bei meiner Mutter und ihren Eltern an ein Trauma. War doch mein einziger Onkel, der Bruder meiner Mutter, 1915 als neunzehnjähriger Kriegsfreiwilliger in Flandern gefallen. So hoffte meine Mutter, dass der Krieg zu Ende sein möge, bevor bei mir eine Entscheidung anstünde. Eine echte Wahlmöglichkeit gab es jedoch 1944 nicht. Die Siebzehnjährigen wurden ohnehin eingezogen. Man konnte sich allenfalls zu einer der sog. Eliteeinheiten melden. Werbeaktionen der SS-Division ‚Hitlerjugend‘ und der Panzerdivision ‚Großdeutschland‘ hatte ich schon erfolgreich abgewehrt. Sich freiwillig zur Flak (**Flu**ga**b**we**hrk**anone) zu melden, war normalerweise nicht möglich. Das ging nur beim Begleitregiment ‚Hermann Göring‘.

In diesem Zusammenhang gibt mir immer noch Rätsel auf, was mein Vater mir etwas später unter dem 25.08.1944 schrieb, als sich mein Schwager Franz Walpen, ein Schweizer Bürger, der kurz zuvor meine Schwester Susanne geheiratet hatte, freiwillig zur Waffen-SS gemeldet hatte:

Ich freue mich, dass Du in Franzens Angelegenheit genau so denkst wie wir. Franz ist ein anständiger Junge, er empfindet seine Meldung als eine Selbstverständlichkeit. Leider geht seiner Mutter jedes Verständnis in dieser Sache ab. Sie glaubt wohl, wir hätten Franz zu seiner Freiwilligenmeldung veranlaßt. Das ist aber keineswegs der Fall. Er hat uns vielmehr erst einen Tag vor seiner Meldung etwas von seinem Vorhaben gesagt. Wir haben ihm aus unserer Einstellung heraus natürlich Recht gegeben. .... Ein jeder muss doch heute alles tun, um dieses furchtbare Ringen zu einem für uns erträglichen Ende zu bringen. Wer wollte da beiseite stehen und zuschauen!

Ach, hätte Franz doch lieber seine junge Frau genommen und wäre mit ihr in die neutrale Schweiz gegangen!

Bei Schwager Franz lag der Fall ja ganz anders als bei mir. Er wäre als Ausländer nicht eingezogen worden. Der Druck wurde aber gegen Kriegsende immer größer. Ich kann mir gut vorstellen, dass meine Eltern ihren Schwiegersohn insgeheim als Drückeberger angesehen haben, zumal das eigene Söhnchen den Kopf hinhalten musste. Wie ich darüber dachte, weiß ich nicht. Für Franz war sicherlich die bedrückende familiäre Situation mitentscheidend. Die Ehe war mit sofortiger Schwangerschaft gestartet, und das Zusammenleben des jungen Paares mit den Schwiegereltern war sicherlich auch nicht einfach. So war die Meldung zur Waffen-SS vielleicht eine Flucht. Unter anderen Zeitumständen wäre es vielleicht statt der SS die französische Fremdenlegion gewesen.

Unser Plan ging auf. Wir saßen wieder gemeinsam auf der Schulbank und hatten einen annähernd normalen Fächerkatalog, der auch Englisch, Biologie und Sport berücksichtigte. Im Sportunterricht hatten wir sogar Gelegenheit, das Reichssportabzeichen für Erwachsene zu erwerben. Das war sonst erst nach Vollendung des achtzehnten Lebensjahres möglich Die Prüfungen erfolgten im Olympiastadion in Berlin. Nach dem 10km-Lauf, den man in maximal 50 Minuten absolvieren musste, erschienen wir mit Krückstock zum Unterricht. Ich war mächtig stolz, alles geschafft zu haben. Allerdings hat mein Freund Siegmar Deichert als Protokollführer beim Kugelstoßen etwas korrigieren müssen.

Auch im Mathematikunterricht ging es weiter. Nun war auch bei uns die Differentialrechnung dran, was zur erneuten Zusammenarbeit mit meinem Freund Wolfgang Griem führte, nachdem wir uns durch die Umstände bedingt etwas aus den Augen verloren hatten.

Für die Meldung als Kriegsfreiwilliger bin ich noch rechtzeitig nach Potsdam gefahren. Mein Gestellungsbefehl für das Heer war schon ausgeschrieben. Aber Vater Stern wirkte diskret im Hintergrund, und meine Argumentation, als erfahrener Flak-Kämpfer bei der Flak bleiben zu wollen, wurde akzeptiert. Der Gestellungsbefehl wurde für das Flak-Begleitregiment ‚Hermann Göring' umgeschrieben. Ähnliche Manipulationen gab es für mehrere meiner Klassenkameraden, was vielleicht manchen das Leben gerettet haben mag. Nur bei Sterns eigenem Sohn Günter hat es kein gutes Ende genommen. Er wurde zwar noch länger vom Wehrdienst verschont als wir anderen, hat aber den Krieg nicht überlebt.

Nach der erfolgreichen Aktion in Potsdam war ich zu einer Party bei Manfred Blasig eingeladen. Wir waren wieder die Vier von der oben erwähnten Spritztour im

Mercedes. Mein Vater hatte mir eine Flasche Weißwein mitgegeben, die sicherlich nicht die einzige war, die an dem Abend geleert worden ist. Das hat bei mir kein gutes Ende genommen, was mir heute noch peinlich ist, zumal ich bei Blasigs übernachten durfte. Immerhin war es mir eine Lehre, mit dem Alkoholgenuss sehr sparsam umzugehen.

(Flak) Begleit-Regiment Hermann Göring und Fsch.-Flakrgt. H.G.

Rekrut in Berlin-Reinickendorf und Goldap

Damit waren die wenigen Wochen in jugendlicher Ungezwungenheit schon wieder vorbei. Der Einberufungstermin war ein paar Tage früher als erwartet, nämlich am 26.06.1944. Für mich und unsere Familie hatte das Auswirkungen, die schwer zu verstehen waren. Die Hochzeit meiner Schwester Susi war nämlich für Sonnabend, den 30. Juni, nur vier Tage nach meinem Dienstantritt geplant, und natürlich wollte ich dabei sein. Aber meine Vorgesetzten ließen sich nicht erweichen, mir für den einen Tag Urlaub zu geben. Auch das Angebot, einen der Ausbilder als Gast mit einzuladen, wurde ausgeschlagen.

Am Montag, den 26, Juni 1944, rückte ich also mit dem obligatorischen Pappkarton als Gepäck in der ‚Hermann-Göring-Kaserne', der heutigen ‚Julius-Leber-Kaserne', in Berlin-Reinickendorf ein. Dort traf ich auch meinen Schulkameraden Achim Schröder, der gleichzeitig zu dieser Truppe eingezogen worden war. Unsere Wege haben sich auch in der Folgezeit mehrmals gekreuzt, was uns beiden jedes Mal das Gefühl gab, nicht ganz alleine gelassen zu sein.

Die Ausbilder wollten uns sofort scharf herannehmen, wie man das beim Militär schon immer mit den Rekruten getan hat. Wir Jünglinge hatten aber schon großenteils gut ein Jahr Kampferfahrung, während die Ausbilder den Krieg bisher sicher in der Etappe verbracht hatten. Da war es für diese recht ärgerlich, dass sich einige Rekruten schon Orden und Ehrenzeichen an die Uniform heften konnten, während die eigene Brust noch undekoriert war. Trotzdem wurden wir wie Neulinge behandelt, die erst zu Soldaten gemacht werden mussten.

Nach wenigen Tagen änderte sich die Situation. Es stand eine Umorganisation bevor, und wir sollten verlegt werden. Bei herrlichem Sommerwetter hatten wir praktisch den ganzen Tag frei. Vormittags war zwar Revierreinigen angesagt, aber die Fenster waren bald schon mehrfach geputzt. Zum Glück gab es auf dem Kasernengelände ein schönes Schwimmbad mit einem 10 m-Sprungturm.

Aber das süße Leben fand bald ein Ende, Per Bahn ging es nach Goldap in Ostpreußen, Einer unserer Ausbilder, ein Obergefreiter, der sich bisher eher passiv verhalten hatte, spielte sich plötzlich als mächtiger Vorgesetzter auf. Er witterte wohl in dem neuen Kommando Karrierechancen und wurde auch bald zum Unteroffizier befördert. Während der Bahnfahrt riet uns ein ältere Landser, dem ,Oberschnäpser' doch einfach eins in die

Fresse zu schlagen. Wir mussten jedoch noch längere Zeit seine Schikaniererei ertragen.

Die Kaserne in Goldap stammte wahrscheinlich noch aus Kaisers Zeiten. Sie war nur wenig belegt und einige der älteren Gebäude waren gesperrt, weil sie von Wanzen befallen waren.

Hier erfolgte unsere Ausbildung. Es war für mich die vierte militärische Grundausbildung, also wieder ‚stillgestanden!‘, ‚das Gewehr über!‘ und ähnlicher Unsinn. Immerhin sind wir einmal zum Schießplatz geführt worden, wo jeder drei scharfe Schüsse auf eine Scheibe abgeben durfte. Außerdem wurde ich zum Salutschießen bei einer militärischen Beisetzung auf dem Stadtfriedhof abkommandiert. Für diesen Auftritt bekamen wir extra Schaftstiefel statt der sonst üblichen Schnürschuhe, mussten diese aber danach wieder abgeben.

Achim und ich blieben die ganze Ausbildungszeit immer in der gleichen Gruppe und Stube. In Goldap gesellte sich ein dritter junger Mann dazu, Hein Andresen aus Flensburg. Am Sonntag vor dem Attentat auf Hitler am 20. Juli 1944 bekamen wir zum ersten und letzten Mal Ausgang. In der Stadt trafen wir zwei Mädchen, wir waren aber zu dritt. Ich hatte das Nachsehen und habe die beiden Konkurrenten nachher beim Baden im Goldaper See ordentlich getaucht.

Der Gefreite wurde auch Schnäpser genannt, weil dessen Wehrsold für einen Schnaps täglich mehr als der des einfachen Soldaten reichte. Der Obergefreite war entsprechend Oberschnäpser.

Göring schickt sein Begleitregiment ins Feld

Abb.10 Hermann Göring verabschiedet sein Begleitregiment an die Front nahe der Rominter Heide nach dem Attentat auf Hitler im Juli 1944.

Das missglückte Attentat auf Hitler am 20. Juli 1944 hatte für uns unmittelbare Konsequenzen. Es gab ab sofort keinen Ausgang mehr und die *Ehrenbezeigung durch Legen der rechten Hand an die Kopfbedeckung* wurde als Zeichen der unverbrüchlichen Treue zum Führer durch die *Ehrenbezeigung durch Erheben des rechten Armes* ersetzt. Außerdem musste das ganze Begleitregiment gleich am nächsten Tage zur Besichtigung vor dem Reichsmarschall auf dem Gelände des Reichsjägerhofes in der Rominter Heide aufmarschieren. Vor dem Abmarsch wurden wir

Rekruten von unsern Unteroffizieren auf dem Kasernenhof in Goldap gemustert. Dabei entdeckte man einige einzelne Barthaare an meinem Kinn. So musste ich eine Trockenrasur vor versammelter Mannschaft ertragen.

In Rominten wurde ein großes Karree gebildet. Schließlich kam der Reichsmarschall, wie üblich in weißer Uniform und mit dem Marschallstab in der Hand, und hielt eine lange Rede:

> *Heil Kameraden! Soldaten meiner Division!*
>
> *Ich bin sehr froh, dass ich heute … vor Eurem Einsatz noch einmal zu Euch sprechen kann.*
>
> *Die ganze Division, die bisher in heldenhaftem Kampf gegen den anglo-amerikanischen Gegner in Italien gefochten hat und dort unvergänglichen Ruhm holte, ist im Anmarsch, um jetzt die engere Heimat gegen den Russen zu schützen. Es ist nun mein Wille, dass … auch Ihr, die Ihr mein eigenliches Begleitregiment seid, zur kämpfenden Truppe der Division hinzustoßt.*
>
> *Ihr wisst selbst, dass in den letzten Wochen Schweres zu ertragen war. Ganze Divisionen sind zurückgelaufen. …. Soldaten und Offiziere … gab es darunter, die schmählich ihre soldatische Ehre preisgaben, auf dem Schlachtfelde kapitulierten, ihre Waffen wegwarfen, und als flüchtende Marodeure sich der Grenze des eigenen Vaterlandes näherten. …*

Soldaten meiner Division, Eines sage ich Euch: Der Soldat, der seine Waffe, von der Handwaffe angefangen, wegschmeißt, um besser nach rückwärts fliehen zu können, setzt sich außerhalb des Gesetzes von Ehre und Pflicht. Jeder Unterführer, ja, jeder einzelne von Euch hat die Pflicht, einen solchen feigen Lumpen augenblicklich auf der Stelle zu erschießen. ...

und zum zweiten, jeder Mann der Division, gleichgültig welchen Dienstgrad er immer hat, ob im Stab oder auch bei den Trossen, jeder Mann der Division ist Kämpfer. ... Es gibt keinen Mann in der Division, der keine Waffe hat. ...

Ihr müsst daran denken, dass ... leider ... sehr viele von den sogenannten Hilfswilligen ... in deutsche Uniformen gekleidet wurden. Warum? Weil zum Schluss bei diesen Ostdivisionen jeder Soldat glaubte, seinen eigenen Putzer halten zu können. Und als es dann zum Kampfe kam, da war dieses Gesindel eine unerhörte Belastung ... Darum ... misstrauisch sein, wenn Ihr einen nicht kennt, und er Euch komisch vorkommt .... Es wird deshalb auch notwendig sein, dass immer wieder Offiziere, Feldwebel und Unteroffiziere sich untereinander zeigen, damit sie ihre eigenen Offiziere, die Führenden, möglichst rasch kennenlernen, von Angesicht zu Angesicht.

.... und heute bitte ich Euch, nicht nur als Euer Befehlshaber, sondern auch als Chef Eurer

Division, die Ihr mit mir verbunden seid, besonders, die Ihr meinen Namen tragt, macht mir Ehre. … Eure Ehre ist die meine, die meinige Eure; und seid tapfere Soldaten, …. eine Not- und Todesgemeinschaft …

Ich wünsche nicht, meine Soldaten bei Rückzügen hier zu sehen. ….

Von meiner Flak verlange ich, dass sie in diesem Kampf sich stark auf ihre Waffen fühlt. Die 8,8cm ist heute noch die beste panzerbrechende Waffe, das Feuer der 2cm kann die russische Infanterie nicht vertragen. ….

Ich warne vor dem Geschwätz und der Propaganda der Russen. Sie versprechen alles und halten nur eines – den Tod.

Ich hoffe, dass es der Division gelingen wird, auch die anderen mit sich vorwärts zu reißen, um den Russen wieder weit genug von der Grenze zu entfernen. Aber eins, meine Kameraden, müsst Ihr Euch schwören: Man konnte russisches Gelände aufgeben, mehr oder weniger, das war nicht entscheidend, aber eigenes deutsches Gebiet, - das ist unmöglich. … Sollte das Schicksal gegen uns sein, sollte der Russe in diese Provinz hineinkommen, dann muss es erst dann möglich sein, wenn kein Soldat der Division Hermann Göring mehr am Leben ist…..

Also, Jungens, Ihr wisst, was von Euch erwartet wird. …

Ich glaube heute mehr denn jemals, dass die allmächtige Vorsehung uns den Sieg beschieden hat. Als ich gestern den Raum gesehen habe, in dem das fluchwürdige Attentat ausgeführt wurde, frage ich mich, wie es möglich war, dass hier noch ein einziger Mensch lebendig herauskommen konnte, … aber wie durch ein Wunder ist der Führer unversehrt geblieben. Auch wie durch Zufall war ich selbst nicht anwesend und kam erst eine halbe Stunde später.

… da darf man doch schon glauben, dass die Vorsehung es gut mit einem meint und bestimmt hat, dass man noch was leisten soll. …

So ungeheuerlich die Tatsache ist, dass zum ersten Mal in der Geschichte ein deutscher Offizier wie ein Nihilist und Anarchist eine Höllenmaschine hereinschmuggelte, so ungeheuerlich diese furchtbare Tatsache ist, umso glücklicher müssen wir sein, dass sich die Kreise der Reaktionäre, die uns immer feindlich gesinnt waren, dadurch sich endlich einmal offen gezeigt haben. Es ist wieder bezeichnend, wer nun diese Helden waren „„ Weggeschickte Generale, die man wegjagen musste, weil sie sich feige und unfähig in der Führung der Truppe gezeigt haben …. diese Schlappschwänze …

Wenn Ihr Euch irgendwo einschanzen müsst, dann aber, Jungens, ganz und fest. … nicht nur kämpfen, sondern buddeln, buddeln und buddeln … nicht … den halben Tag die Sonne auf den Bauchnabel scheinen lassen … Wenn man den ersten Graben fertig hat …, baut .. man den zweiten, den dritten, … den siebenten, aber … dicht hintereinander. …je tiefer Ihr buddelt, je tiefer Ihr den Graben aushebt, je fester Ihr ihn baut, umso härter kann Euer Widerstand sein.

Mit diesen beiden Kampfarten, einmal Widerstand bis zum Äußersten, und zum zweiten tief in den Feind hineinstoßen, so wird die Division sich behaupten und so wird die Division den Feind anfassen, gleichgültig wo auch immer. ….

So hoffe ich, Jungens, dass Ihr anständige Soldaten seid, und die drei Grundtugenden jedes Soldaten stets in Euch aufnehmt:

Kameradschaft untereinander bis zum letzten,
Pflichttreue bis zum Äußersten und – wenn es sein muss –
Einsatz und Opferbereitschaft bis zum Tode.

Nun auf in den Kampf Kameraden!

Es lebe der Führer!   Sieg heil, Sieg heil, Sieg heil.

So hatte ich mir meinen Beitrag zur Vaterlandsverteidigung nicht vorgestellt, als ich mich freiwillig zum Flak-Begleitregiment meldete. Und auch die altgedienten Angehörigen dieser Truppe, vom Gefreiten bis in die Reihen der Offiziere, waren vermutlich nicht gerade begeistert. Immerhin hatten sie schon fünf Jahre Krieg einigermaßen unbeschadet überstanden.

Jetzt aber, Schluss damit, sich den halben Tag lang die Sonne auf den Bauchnabel scheinen zu lassen, statt dessen kämpfen und buddeln, und letztlich noch den Heldentod sterben.

Aber so schnell schießen die Preußen nicht. Der Reichsmarschall konnte doch nicht ohne Bedeckung sein. So heißt es noch unter dem 24.09.1944 in einem Einsatzbefehl des Begleit-Regiments H.G.:

> *Der bevorstehende Aufenthalt des Herrn Reichsmarschall in Rominten machte besondere Sicherheitsmaßnahmen für die Rominter Heide erforderlich. .. ein Wachzug der 2./Wach-Kompanie (Carinhall) nach Rominten verlegt. Dieser übernimmt die unmittelbare Bewachung des Reichsjägerhofes. Die inzwischen durch bisher in Frankreich eingesetzte Kommandos verstärkte Polizei-Kompanie übernimmt die Sicherung der Außentore und Zufahrtsstraßen. Das Jäger-Sonderkommando bezieht im Gebiet Rominter Heide Stützpunkte und Lauerposten zur Bodenbekämpfung und stellt die Bedeckungs-*

Kommandos für den Herrn Reichsmarschall beim Befahren des Jagdgebietes.

Sein Fahrzeug geriet trotzdem einmal in einen Hinterhalt und wurde beschossen.

Auch die 11. und 12. Flak-Batterien blieben noch bis Ende August 1944 rund um die Romintener Heide stationiert. Wie aus dem Eintrag in meinem Soldbuch hervorgeht, waren wir Rekruten in der Kaserne Goldap der 12. Batterie zugehörig. Ich habe diese Einheit aber nie gesehen.

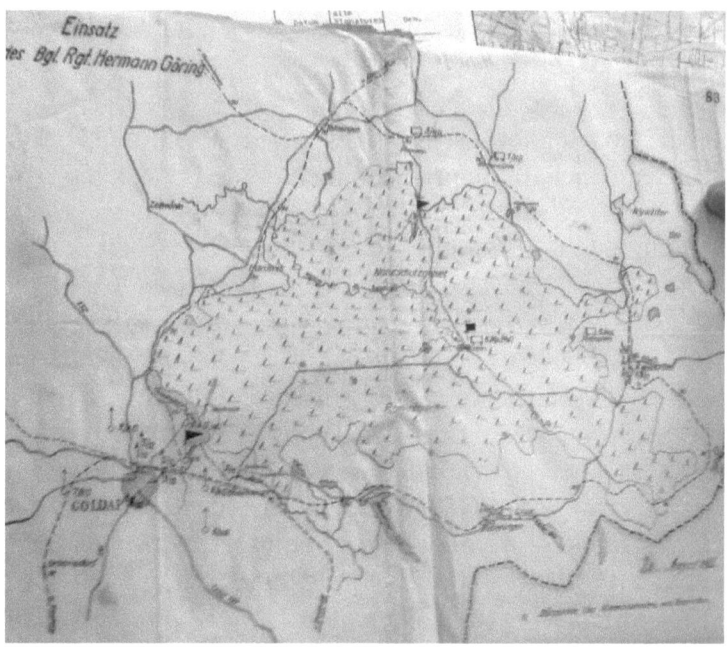

Abb. 11 Einsatz des Bgl.-Rgt. Hermann Göring rund um die Romintener Heide am 20. August 1944

Meinen Eltern blieb die Entwicklung der Lage in Ostpreußen nicht verborgen. Mein Vater schrieb
am 3. August 1944:

Dass wir in einiger Sorge um Dich sind, wird Dich nicht wundern, ist doch die Front in den letzten Tagen Euch recht nahe gerückt. Hoffentlich gelingt es, die bolschewistische Flut von unsern Grenzen fern zu halten. Es wird nun wohl alles getan werden, alle noch brachliegenden Kräfte in der Heimat mobil zu machen. Jedenfalls sind in den letzten Tagen auch hier bei uns recht einschneidende Maßnahmen getroffen worden. Und dabei wird es sicher nicht bleiben.

und am 8. September 1944:

In nächster Zeit wird wahrscheinlich der Einsatz aller Kinder zwischen 10 und 14 Jahren bei der Kartoffel- und Rübenernte erfolgen. Viele ältere Männer aber auch 15/16 jährige Jungen sind zum Schanzen nach dem Warthegau beordert worden. … Bisher ist der Kelch an mir vorübergegangen. Am Sonntag werde ich wieder zusammen mit anderen Parteigenossen an der Bombenschadensstelle gegenüber der Mühle bei den Aufräumungsarbeiten helfen.

Funkerausbildung in Goldap

Die meisten meiner Kameraden wurden bereits nach sechswöchiger Grundausbildung auf die Batterien des Begleit-Regiments verteilt. Der beabsichtigte Einsatz der Flak im Erdkampf erforderte eine mobile Kommunikation zwischen den Kampfeinheiten, was bisher im Luftkampf nicht nötig und daher auch nicht gegeben war. Es mussten also im Schnellverfahren Funker ausgebildet werden. Achim und ich haben uns freiwillig dazu gemeldet. So konnten wir noch ein paar Wochen fernab vom Kampfgetümmel in der Kaserne bleiben. Wir waren etwa zwanzig Mann, der oben erwähnte ‚Oberschnäpser‘, inzwischen Unteroffizier, war als Hauptwachtmeister-Diensttuer (Spieß) unser Disziplinarvorgesetzter. Er saß den ganzen Tag in seiner Schreibstube und brütete neue Schikanen aus, während wir vor- und nachmittags jeweils mehrere Stunden lang mit Kopfhörer auf den Ohren und Kopierstift in der Hand endlose Folgen von Morsezeichen hören und notieren mussten. Unsere Lehrer waren ein Feldwebel von der Nachrichtentruppe und der Obersoldat Läser. Der Letztere war kaum älter als wir Rekruten, hatte aber gute Kenntnisse von der Funkerei und wurde daher als Hilfsausbilder eingesetzt. Später war er wieder einfacher Soldat wie wir.

Das Morse-Alphabet haben wir gut gelernt. Die meisten Zeichen weiß ich heute noch. Welches Tempo wir erreicht haben, bin ich mir nicht sicher, mindestens jedoch 25, wenn nicht gar 60 Zeichen/Minute. Das war aber ziemlich alles, was wir gelernt haben. Lediglich an einem Sonntag hatten wir mal eine praktische Übung. In einer bereits stehenden Funkverbindung wurden ein paar verschlüsselte Botschaften ausgetauscht. Was sollten wir aber melden? So haben wir eben die Werbeaufschrift von einer Knäckebrot-Verpackung durchgegeben. Das fand der Feldwebel gar nicht witzig.

Fronteinsatz im deutsch-litauischen Grenzgebiet

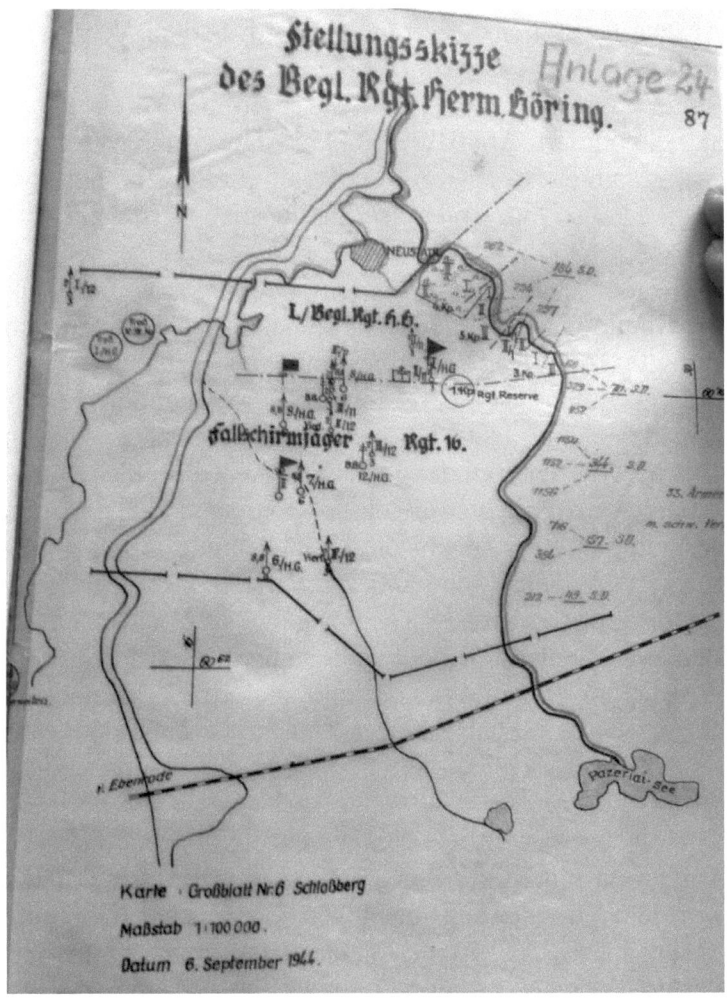

Abb. 12 Einsatz des Bgl.-Rgt. Hermann Göring im Raum
Sodargen nördlich Eydtkau am 6. September 1944.

Während unsere Funkerausbildung noch lief, wurden am 21.08.1944 bereits Teile des Begl.-Rgt. an die Front im Abschnitt Kamienkabach (3 km nordwestlich Vistytis) – 1 km nördlich Anelaukis geschickt, aber zum Monatsende wieder in die Rominter Heide zurückbeordert. Am 01.09.1944 erfolgte dann der Einsatz des gesamten Begl.-Rgt. im Raum Sodargen, nördlich Eydtkau, also im ostpreußisch-litauischen Grenzland.

Bei dieser Gelegenheit wurden wir Funkerneulinge auf die Batterien verteilt. Jeder Zug bekam zwei Mann. Ich kam zur 11. Batterie. Die persönliche Ausrüstung wurde ergänzt, Zeltplanen, Tragegestell (Y-Schulterriemen), Patronentaschen usw. Ich habe einen nagelneuen blauen Overall erwischt, um den ich allseits sehr beneidet wurde. Weniger erfreulich war das zugeteilte Funkgerät. Es bestand aus zwei Blechkisten, eine konnte man auf den Rücken schnallen, die andere mussten zwei Mann an Handgriffen tragen. Dazu gab es weder eine Bedienungsanleitung noch eine mündliche Einweisung. Es war nur ersichtlich, dass mit diesem Gerät nicht zu morsen war, es gab keine Morsetaste. Außerdem war Funkstille angeordnet.

Der Zug, dem wir zwei Funker zugeteilt worden waren, war schon mit seiner 2-cm-Flak auf einem abgeernteten Kornfeld in Stellung gegangen. Zelte und Geschütz waren mit Getreidegarben getarnt. Ich wurde sofort auf Posten geschickt. Vorher hatte ich gerade einen Feldpostbrief von zu Hause bekommen. Den habe ich auf Posten gelesen. Schon war ich beim Geschützführer wegen Wachvergehens angeschwärzt. Es gab halt liebe Kameraden. Trotzdem habe ich von dem Spanferkelbraten, der schon zubereitet war, etwas abbekommen. Damit begann für mich eine schier endlose Leidenszeit mit Verdauungsbeschwerden. Ob das Spanferkel wirklich schuldig war, sei dahingestellt. Wahrscheinlich war es die nackte aber uneingestandene Angst, die mir von nun an im Nacken saß. Hinzu kam noch die Ungezieferplage und mangelnde Hygiene. Die ersten Flöhe habe ich mir schon in den ersten Septembertagen im Hühnerstall eines nahegelegenen verlassenen Bauernhofes eingefangen. Damit begann eine lästige Juckerei, die im Krankenrevier als Krätze diagnostiziert wurde.

Das Septemberwetter war sehr schön, und es herrschte Ruhe weit und breit. In sternklarer Nacht habe ich auf einem Postengang mal mit Leuchtspurmunition aus meinem Karabiner auf einen sowjetischen Bomber, der sog. ‚Nähmaschine‘, geschossen. Das war der einzige Feind.
Für andere Teile des Begl.-Rgt. sah die Lage wahrscheinlich nicht so gut aus. In einem Einsatzbefehl vom 08.09.1944 ist von hohen Personalverlusten die Rede und von ineffektivem Gruppenfeuer der (schweren) Flak. Auch die Funkstille gilt weiter ... *hat jeder Funkverkehr bis auf weiteres zu unterbleiben, da der Gegner Funkstellen sofort anpeilt und beschießt.*

Am 12.09.1944 zieht der Kommandeur des Begl.-Regt. u. a. folgendes Résumé:
> *1) Das Begleit-Regiment Hermann Göring steht nunmehr seit dem 1.9.1944 in hartem*

Abwehrkampf. In seiner Zusammensetzung jung, für eine anderweitige Verwendung vorgesehen und ausgerüstet, hat sich das Regiment, getragen von der Einsatzfreude der Grenadiere und Flakartilleristen in die Verhältnisse des Stellungskrieges gefunden.

2) *Die II. Flakabteilung hat im Einsatzraum den bis zu ihrem Eintreffen regen feindlichen Flugbetrieb zum Erliegen gebracht und das Grenadierbtl. durch das von den V.B. aus vorderster Stellung geleitete Feuer der schweren Waffen erfolgreich unterstützt.*

Junge Leute, *für eine anderweitige Verwendung vorgesehen und ausgerüstet,* damit ist der missliche Zustand der Truppe nur andeutungsweise beschrieben. Wenn es einem auch schwer fallen kann, im Militärischen überhaupt etwas Sinnvolles zu sehen, so ist das Sinnwidrige hier offensichtlich. Die Flak ist per se für den Erdkampf ungeeignet. H.G. hat es in seinem Kampfaufruf am 21.07.1944 nur schöngeredet. Die 8,8 ist eben keine panzerbrechende Waffe und die 2-cm-Flak ist als Maschinengewehr überdimensioniert. Alles, was bei Offizieren und Mannschaften einschließlich der ehemaligen Luftwaffenhelfer an Können und Erfahrung vorhanden war, konnte man jetzt vergessen, von Kindersoldaten mit sechswöchiger Grundausbildung ganz zu schweigen.

Da ist die Misere bei den Funkern nur eine Nebenerscheinung. Einmal bei einem der häufigen

Stellungswechsel hätte unser Zugführer gerne Verbindung zum Batteriegefechtsstand aufgenommen. Alle unsere Versuche, eine Funkverbindung herzustellen, blieben jedoch erfolglos. Mit dem Akku konnten wir zwar das Gerät mit Strom versorgen, wir kannten aber weder Frequenz noch die Gegenstelle für den Funkverkehr.

Dann hat es in meinem Darm mal wieder kräftig rumort. Auf dem Bauernhof gleich neben dem Misthaufen stand ein Häuschen mit einem Herzchen in der Tür. Kaum abgeprotzt krepierte eine feindliche Granate dicht davor. Ein Splitter traf meinen nackten Oberschenkel. Der Sanitäter hat ein Pflaster auf die Wunde geklebt. Mein heldenhafter Einsatz konnte weitergehen.

Die Funkgeräte haben wir noch einige Wochen herumgeschleppt, bis sie irgendwann bei dem ewigen hin und her verloren gingen. Das gab wenigstens eine Marscherleichterung.

Zurück zu dem oben zitierten Bericht des Kommandeurs. Das Artilleriefeuer wurde also durch V. B., vorgeschobene Beobachter, geleitet, wie es schon über ein Jahrhundert früher bei Belagerung von Festungen üblich war. Was nutzte da das moderne hochtechnisierte Kommandogerät der Flak?

Einer der V. B. war unser Uffz. Kasselböhmer, einer der wenigen halbwegs gebildeten Unterführer. Er hatte sein Abitur an einem humanistischen Gymnasium gemacht. Nach seiner Rückkehr aus dem vordersten Graben und einmal ausschlafen in unserm Erdbunker sollte er sich

beim Batteriechef melden. Doch wo war seine Mütze?
Also war ich meine Mütze für einen Tag los und musste
mit Stahlhelm herumlaufen.

Inzwischen hatten wir die Stellung auf dem Getreidefeld
verlassen und uns an anderer Stelle eingegraben. Es war
unweit einer Straße zwischen verstreuten ländlichen
Anwesen. Wir beiden Funker waren mit einer Handvoll
anderer überzähliger Soldaten auf einem kleinen Hügel
eingewiesen worden, während der übrige Zug mit dem
Geschütz jenseits eines Weges Stellung bezogen hatte.
Auf dem Hügel befanden sich ein paar primitive
Gebäude, ein kleines kellerloses Wohnhaus mit zwei
Räumen, ein Hühnerstall, aber eine ganz normale
Scheune. Die Latrine befand sich hinter dieser Scheune.
Es war ein ‚Donnerbalken' über einer offenen Grube. Ein
Stück weiter lag ein Tümpel und ein Acker mit
Kartoffeln und roter Beete. Auf dem Hof gab es einen
Ziehbrunnen mit einem an einem Seil befestigten Eimer.
Mit etwas Geschick konnte man den Eimer so in den
Schacht fallen lassen, dass er sich mit Wasser füllte. Das
Haus war leer und verlassen. Nur ein paar Hühnchen
liefen noch herum.

In diesem Umfeld sollten wir uns einen Bunker bauen.
Zunächst gab es keine weiteren Anweisungen. So
machten wir uns zu zweit auf die Suche nach einer
geeigneten Stelle. Und da war auf dem Feld doch eine
Ruine, die mal als Bunker, vielleicht im 1. Weltkrieg,
gedient haben konnte. Ein Viereck aus miteinander
verzahnten dicken Baumstämmen steckte in der Erde und
war mit Feldsteinen gefüllt. Wir wurden aber sofort
zurückgepfiffen und mussten gemeinsam mit den

Anderen ein großes Loch ausheben. Der Bunker wurde recht komfortabel ausgebaut mit einer ausreichenden Anzahl Stockbetten und sogar einer Feuerstelle. Das Material hierfür musste im Umkreis besorgt werden. Für die Feuerstelle haben wir von einem an der erwähnten Straße gelegenen Bauernhof Feuerrost und Ofentür aus dem Küchenherd herausgebrochen.

Nach dem Bunkerbau mussten wir erst mal die Lehmkrusten von Stiefel und Hose entfernen. Gut, dass es den Tümpel gab. Kartoffeln, rote Beete und die armen Hühnchen besserten unsere Verpflegung auf. Davon profitierte auch unser junger Leutnant, der mit seinem Burschen ebenfalls auf dem Hügel einen Erdbunker bezogen hatte. Während der Leutnant eines Abends zur Lagebesprechung beim Batteriechef war, hatte sein Bursche Kartoffelpuffer gebacken. Diese musste ich als Melder alleine im Dunkeln durch unbekanntes Gelände zum Gefechtsstand bringen.

Es gab für einen Helden wie mich auch sonst genug Gelegenheit sich zu fürchten. Jede Nacht wurde man aus dem Schlaf gerissen, um für zwei Stunden alleine Posten zu beziehen. Zwei lange Stunden mit Verantwortung für die Sicherheit der Kameraden, dabei ängstlich, müde und hilflos. Was half schon der umgehängte Karabiner? Einmal habe ich mich nur ganz kurz auf einen Balken in der Scheune setzen wollen. Promt hat mich der U.v.D. auf seinem Rundgang im Tiefschlaf erwischt. Er hatte wohl Mitleid und hat von einer Meldung des Vorfalls abgesehen.

Manchmal nächtigten auch Trupps anderer Einheiten in der Scheune. Wenn die unvermutet aus der Dunkelheit auftauchten, war man nicht gewiss ob Freund oder Feind. In letzterem Falle wäre man verloren gewesen und die schlafenden Kameraden gleich mit.

Eines Tages wurde ich zum Schanzen abkommandiert. auf dem Wege zum Sammelpunkt traf ich meinen Freund Achim wieder, der den gleichen Auftrag hatte. Jede Einheit musste einen Mann abstellen. Das war verständlicherweise jeweils der unnütze Funker. Achim und ich sollten des Nachts gemeinsam ein Schützenloch buddeln. Wir hatten verabredet, dass einer von uns zwei Stunden arbeitet während der Andere schläft. Achim übernahm die erste Schicht. Bei der Ablösung war ich aber noch so müde, dass ich gleich wieder eingeschlafen bin. Im Morgengrauen wurden wir beide recht unsanft von unserm Unteroffizier, einem Fallschirmjäger, geweckt. Zur Strafe mussten wir unter Feindeinsicht Gewehrgriffe kloppen. Das war nicht ungefährlich. Einige Tage später wurde einer unserer Kameraden durch eine verirrte Gewehrkugel schwer verwundet. Wir waren im Morgengrauen zum Abmarsch angetreten. Da gab es ein seltsames Geräusch, und der unbekannte Kamerad sackte lautlos in sich zusammen. Bauchschuss, hieß es.

In einem Einsatzbefehl vom 24.09.1944 ist zu lesen:

> *Der Feind befestigt vor dem Abschnitt des Bgl.Rgt. seine Stellungen, vermint und verdrahtet fortlaufend sein Vorfeld. Die Scharfschützentätigkeit hat zugenommen. Eigene Aufklärung hat ergeben, dass der Feind in den*

vordersten Gräben Frauen, besonders als
Scharfschützen, einsetzt.
Außerdem, dass dem Begl.-Rgt. am 18.09.1944
die 15. Fsch.Jäger-Rgt. 16 zugeführt und
unterstellt wurde.

Die Fallschirmjäger waren mir ziemlich suspekt.
Eigentlich sollten alle Zivilisten unsern Einsatzbereich
verlassen haben. Jenseits der Grenze zu Litauen gab es
aber vereinzelt Leute, die sich versteckt hielten. Bei
einem Postengang traf ich einmal sogar eine ganze
Gruppe verschüchterter Menschen in einer Kate. Von mir
hatten sie nichts zu befürchten. Als aber einer der
Fallschirmjäger einen Verdächtigen aufgegriffen hatte,
verschwand er mit diesem hinter einer Scheune und kam
alleine wieder. Was war geschehen?

Einsatz im Memelland, Begleitregiment wird Fallschirm-Flakregiment

An der Front war es zu dieser Zeit recht ruhig, was sogar
den einfachen Iwan irritierte, wie aus einem am
24.09.1944 abgehörten Ferngespräch hervorgeht:
> *„ … Was soll das bloß bedeuten, es ist alles so*
> *ruhig!“*
> *„Ach, ist doch schön so, ich kann recht gut hier*
> *vorn spazieren gehen.“*
> *„Ja, was machen wir denn nur? Sollen wir denn*
> *überhaupt noch schießen oder was? Meine Leute*
> *haben keine Lust mehr, weil die Deutschen noch*
> *keinen Schuss heute Nacht gemacht haben, wir*
> *gehen und stehen wie wir Lust haben, und keiner*
> *schießt mehr von den Deutschen, vielleicht wollen*

sie nicht mehr schießen. Oder machen sie den
Sonntag besser als wir. Vielleicht haben sie auch
Schnaps bekommen, und haben das Schießen
vergessen. Na, dann schießen wir auch nicht
mehr. Es soll eben Sonntag sein."
„*Richtig …."*

Das änderte sich bald. Gleich nach meiner Rückkehr vom Schanzkommando erfolgte ein nächtlicher Stellungswechsel. Alles musste verladen werden. Munitionskisten kamen auf einen Opel Blitz (3,0 t Nutzlast), bis die Federn platt waren. Dann wurde ich noch oben draufgesetzt. Unsere Fahrt ohne Licht endete bald in einem Straßengraben. Munitionskisten und ich rutschten hinterher. Mit einiger Verzögerung ging es weiter. Wohin, das habe ich kleiner Kanonier nicht mitgekriegt.

Der Einsatzbefehl Nr. 15/44 vom 09.10.1944 gibt Auskunft.

1) *Begleit-Regiment Hermann Göring untersteht ab*
   8.10.44 dem A.O.K. 4 und bildet Armee-Reserve.
2) *II.(Flak)-Bgl.Rgt. H.G. verlegt in den Raum*
   westlich Eydtkau und bezieht Stellungen zum
   Schutze der Straße Ebenrode – Eydtkau
   11. Battr. verbleibt in jetzigen Stellungen bei
   Waldheide und Jurbarkas am südlichen
   Memelufer.

Wir von der 11. Batterie verblieben also noch im litauischen Grenzland, wenn auch weiter nördlich als bisher, während der Rest des Regiments über die Grenze nach Westen auf deutsches Gebiet verlegt wurde. Das war wahrscheinlich Anlass für die folgenden Anweiungen:

4) *Die Einheiten sind sofort aufzufrischen. Fahrzeuge, Gerät und Ausstattungen sind zu überholen. Jede Badegelegenheit für die Truppe ist auszunutzen. Truppenärzte veranlassen nötigenfalls sofortige Entlausung.*

5) *Im Unterkunftsraum ist jegliche Entnahme aus dem Lande strengstens verboten. Das Eigentum der deutschen Bevölkerung ist weitgehend zu schützen, Unterkünfte schonend zu behandeln.*

Unsere Unteroffiziere haben die Hygieneanforderungen auch bei nächster Gelegenheit umgesetzt. Sie machten in der Küche eines verlassenen Bauernhauses etwas Wasser warm und riefen einen nach dem anderen zum Bad in einer kleinen Blechschüssel herein, während sie selbst ihren Kaffee tranken oder Skat spielten. Es war nur schade, dass wir keine Wäsche zum Wechseln hatten. So blieben die Flöhe und Läuse unbehelligt.

In diesen Tagen wurde ständig die Stellung gewechselt. Die Bagage war hinderlich, wenn es um schnellen Einsatz ging. So musste ich einmal die zurückgelassenen Sachen auf einem Gutshof bewachen. Ganz allein, wie ich meinte. Aber in einer Arbeiterwohnung hatte sich noch eine Frau mittleren Alters versteckt, die ihr Zuhause nicht verlassen wollte. Nachdem wir uns gegenseitig misstrauisch beäugt hatten, erzählte sie mir, vor kurzem von einem Soldaten sexuell belästigt worden zu sein. Sie erkannte aber bald, dass ich wohl selbst Angst hatte und harmlos war.

Jegliche Entnahme aus dem Lande war also verboten. Das deckt sich nicht mit meiner Erfahrung. Es gab doch überall zurückgelassenes Vieh, das ohnehin verreckt wäre, hätten wir es nicht vorher geschlachtet und aufgegessen. Der Küchenunteroffizier unserer Batterie war von Beruf Metzger und hat unsere Verpflegung oft durch selbstgemachte Wurst aufgebessert. Auf einem Bauernhof fanden wir einen vollbesetzten Kuhstall vor, nur der zugehörige Zuchtbulle und ein Jungbulle befanden sich draußen auf der Weide. Die sollten wir hereinholen, sehr zum Vergnügen der Kühe. Interessanterweise wollten sie aber von dem Jungbullen nichts wissen. Was aus den vielen Tieren wohl geworden ist?

Für uns gab es, bevor es weiterging, Wurstsuppe und Schnaps. Mein Freund Achim war zufällig auch auf dem Hof. Wir wurden beide zum Wachdienst eingeteilt und zogen gemeinsam auf Posten. Dabei kam es zu einer der seltenen ernsthaften Gespräche. Wir waren ja beide Lehrerssöhne und haben unsere jeweiligen Väter um die Wette gelobt.

Die Lage in unserm Einsatzgebiet war für uns sehr unübersichtlich. Manchmal quakte die gegnerische Propaganda per Lautsprecher zu uns herüber, wir mögen uns doch ergeben. Das war zwar keine wirkliche Option, aber man sollte doch vorbereitet sein, in die Hände der Feinde zu fallen. Vorsichtshalber haben wir die weißen Kragenspiegel und das Ärmelband mit der Aufschrift

‚Hermann Göring' von unseren Uniformen entfernt, um im Falle der Gefangennahme nicht zu provozieren. Das wurde von den Vorgesetzten zumindest geduldet, wenn nicht gar angeordnet.

In dieser Zeit fand eine große Umgliederung der eingesetzten Truppen statt, bei der das Begleit-Regiment aufhörte zu existieren. Unter dem 11.10.1944 heißt es:

1) *Mit Aufstellung des Fsch.-Pz.-Korps H.G. ist Fsch.-Flakrgt H.G. unmittelbar ... dem Korps unterstellt.*

2) *... bisherige II./Begleitregiment H.G. jetzt IV./Fsch.-Flakrgt. H.G.*

3) *... Umbenennung der Batterien ...11./Begleitregiment H.G. in 23./Fsch.-Flakregt. H.G*

Gleichzeitig gab es einen neuen Einsatzbefehl Nr. 10/44, nun vom Fsch.-Flakrgt. H. G.:

1) *... Fsch.-Flakrgt. vorläufig folgenden Auftrg:*

a) *I,/Abtlg. Luftschutz der Brücke im Raum Sköpen*

b) *II./Abtlg. Luftschutz der Ausladebahnhöfe und Zufahrtsstraßen im Gebiet nördlich der Brücken von Tilsit*

c) *III./Abtlg. bezieht Stellungen im Raum Kuckerneese zum Schutz der Anmarschstraßen auf Brücke bei Kloken*

d) *IV./Abtlg. übernimmt Schutz der Brücke bei Kloken und geht mit Teilen in den Raum ostw.*

Kloken so in Stellung, dass auf die Russ zu durgebrochener und über den Fluss vorgestoßener Feind vernichtet werden kann.

2) *Einsatzbereitschaft unmittelbar melden*
3) *Funkstille im gesamten Korpsbereich*
4) *Rgt.-Gefechtsstand: Skören (Kaserne)*
5) *Korpsgefechtsstand: Kleinwarschen*

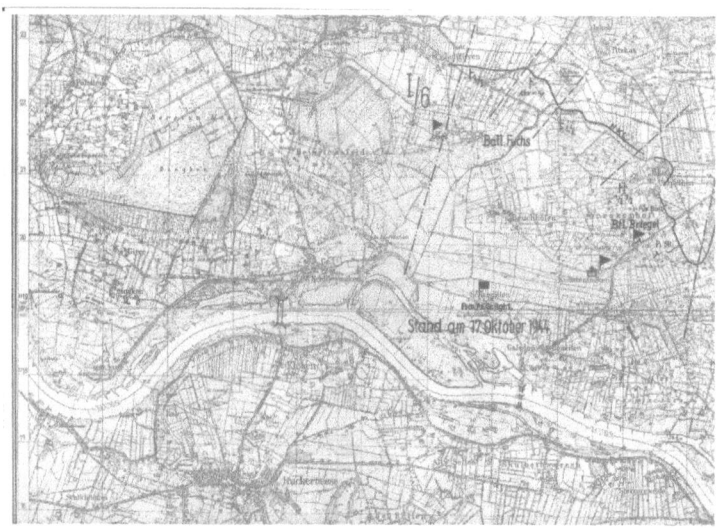

Abb. 13 Brücke über die Ruß bei Kloken.
Fsch.Pz.Gr.Rgt 1 am 17. Oktober 1944 (Ausschnitt).

Wir hatten also die Brücke bei Kloken zu schützen. Ich hatte den Eindruck, als solle ich das ganz alleine machen. Denn kaum waren wir am Fluss angekommen, stand ich schon verlassen auf einer Kuhweide auf Posten. Was war das für ein Fluss? Die Russ, hieß es. Nie gehört. Von einer Brücke war zwar die Rede aber nichts zu sehen. Gab es die überhaupt? Wie ich heute weiß, querte normalerweise eine Wagenfähre den Fluss. Aber auf einer Einsatzskizze vom 17.10.1944 ist per Hand eine Brücke eingezeichnet, Vielleicht war es ja nur eine Behelfsbrücke, jedenfalls ein strategisch wichtiger Punkt.

Da stand ich nun mit meinem Karabiner 98k und die Nacht brach herein. Zum Glück war in den Deich, der die Kuhweide vom Fluss trennte, eine Betonröhre schräg eingelassen. Darin konnte ich mich über Nacht verstecken und ein wenig schlafen. Morgens wurde ich von den Kühen geweckt, die jämmerlich brüllten. Endlich tauchte ein Kamerad auf, der etwas von der Landwirtschaft verstand. Der hat die Kühe abgemolken und die abgestandene Milch weggegossen.

Beim Bau des sog. Ostwalls hatte der damalige Gauleiter Koch Betonröhren senkrecht als Einmannbunker eingraben lassen. Da diese mit einem Betondeckel verschlossen werden konnten, wurden sie auch als Koch-Töpfe bezeichnet. Vielleicht gehörten Wall und Betonröhre dazu. Für die angrenzende Viehweide hatten sie keine erkennbare Funktion.

Einsatz im Raum Gumbinnen

In diesen Tagen wurde die Lage an der Front weiter südlich sehr brenzlich,

15.10.1944
Fsch.-Flakrgt. H. G. – Ia – Nr. …/44 geh.
Einsatzbefehl Nr. 14/44
   1) Feind greift mit starken Kräften … im Raum ostwärts Gumbinnen an.

      Es gelang ihm … einen etwa 16 km tiefen Einbruch zu erzielen.
   2) Fsch.-Pz.-Korps H. G. verlegt im Eiltransport in den Raum Gumbinnen.
   3) Fsch.-Flakrgt. H. G.

   d) Mit Verladung der IV./Abtlg. kann in der Nacht vom 19. auf den 20. gerechnet werden.

     Bis dahin übernimmt IV./Abtlg. ab sofort den Gesamtschutz der Brücken bei Kloken und Sköpen und geht in Stellung.

     b) zum Schutze der Brücke bei Kloken die 23./ und 21./Battr.

     23./Battr. bezieht sämtliche Stellungen zum Schutze der Brücke bei Kloken

      auf dem südl. Ufer des Flusses.

7)   Als Ausladebahnhof ist der Bahnhof Gumbinnen – Ebenrode vorgesehen.

9)   Für Marsch und Eintreffen im neuen Einsatzraum wird noch folgendes   befohlen:

a)   ... daß jeder Transportraum restlos ausgenutzt wird.

b)   Voraussichtliche Marschdauer 3 bis 5 Stunden.

c)   Abteilungen sind im Einsatzraum möglichst schnell zu sammeln.

10)   IV./Abtlg. macht sofort einen erfahrenen Offizier namhaft, der den Abmarsch der Kampfteile verantwortlich überwacht und die Restteile des Regiments nachführt.

In dem Kriegstagebuch Nr. 1 des Begl.-Reg. H.G. wird über die Verlegung des Fsch.-Pz.-Korps H.G. berichtet:

18.10.44

Um 00.00 löst sich das Btl. Briegel, um 01.00 Uhr das Btl. Fuchs vom Feinde. Die Kg. Drews bildet die Nachhut.

Herauslösung geht vom Feinde unbemerkt und ohne Zwischenfälle vor sich. Die Einheiten erreichen im Fußmarsch die Trossräume und bereiten sofortige Verlegung vor.

Rgt.-Gefechtsstand befindet sich während der Absetzbewegung im Zollhaus am Südteil der Brücke (in Sköpen?). Nach Übergang der letzten Teile 03.30 Uhr wird der Rgt.-Gefechtsstand nach Eschenberg verlegt.

19.10.44

Nach Beendigung der Absetzbewegung erhält der Rgt.-Kom. auf dem Div.-Gefechtsstand um 04.30 Uhr den Befehl, um 16.00 Uhr von Eschenberg über Neukirch nach Tilsit zu marschieren. Verladezeit ist von 20.00 - 23.00 Uhr befohlen. Die Marschgruppe erreicht um 18.00 Uhr den Ablaufpunkt 3 km vor Tilsit.

Verladung verzögert sich, da vorher zu verladende Teile der Div. nicht fertig geworden sind.

Um 00.30 Uhr kann mit der Verladung begonnen werden:

> *1.Transport: Führungsstab mit Nachr.-Zug, Btl. Theysen*
> *2. „ : Stabskg., Reiterzug, 11.(Pz.Jg.)Kg., Küchen und Verpfleg.-Fahrzeuge des II./1 (Btl. Oehme)*

07.30 Uhr trifft 1. Transport in Schloßberg ein und wird entladen. Verbindungsaufnahme mit Div. in Trakehnen um 10.30 Uhr.

12.00 Uhr trifft erste Transportgruppe in Trakehnen ein. Rgt.-Gefechtsstand wird im Südwestteil von Trakehnen eingerichtet.

20.10.44

Am 20.10.44, 11.00 Uhr wird das im Eisenbahnmarsch befindliche Sturmbtl. dem Rgt. unterstellt. Gleichzeitig erhält das Rgt. Befehl, im Raum Groß-Waltersdorf mit unterstelltem Sturmbtl. eine Riegelstellung gegen angreifende russische Pg.- und Inf.-Kräfte zu beziehen und den Ort Groß-Waltersdorf zu halten.

Wir von der 23. Batterie wurden nach dem obigen Einsatzbefehl als letzte verladen. Unser Güterzug hatte einen Zwischenstopp in Tilsit, wo an jeden Soldaten ein großes Stück des berühmten Käses verteilt wurde, ohne Brot und Butter. Wir kamen wohl zum vorgesehenen Zeitpunkt oder etwas später im neuen Einsatzraum Gumbinnen an, also nach dem 20.10.44. Die Kämpfe waren noch in vollem Gange, der Feind aber an einigen Abschnitten bereits wieder zurückgedrängt. Während des Marsches wurden wir plötzlich von Tieffliegern angegriffen. Es kam zu einem kurzen Schusswechsel, der aber für beide Parteien glimpflich endete.

Meine gesundheitlichen Probleme, insbesondere die Krätze, machten mir weiterhin zu schaffen, so dass ich mich krank meldete und zusammen mit einer kleinen Gruppe anderer Kranker zum Arzt geschickt wurde. Wir trennten uns von unserer Einheit an einer Straßengabelung und gingen links ein paar km in Richtung Gumbinnen, während die Straße rechts nach Groß-Trakehnen führte.

Anmerkung: Eine Maschine vom Typ IL2 ist an anderer Stelle von der Flak abgeschossen worden. Über diesen Vorgang gibt es im Militärarchiv in Freiburg eine dicke Akte mit Zeugenaussagen und Gutachten. Die 11. und 12./Fsch.-Flakrgt, H.G. waren daran beteiligt.

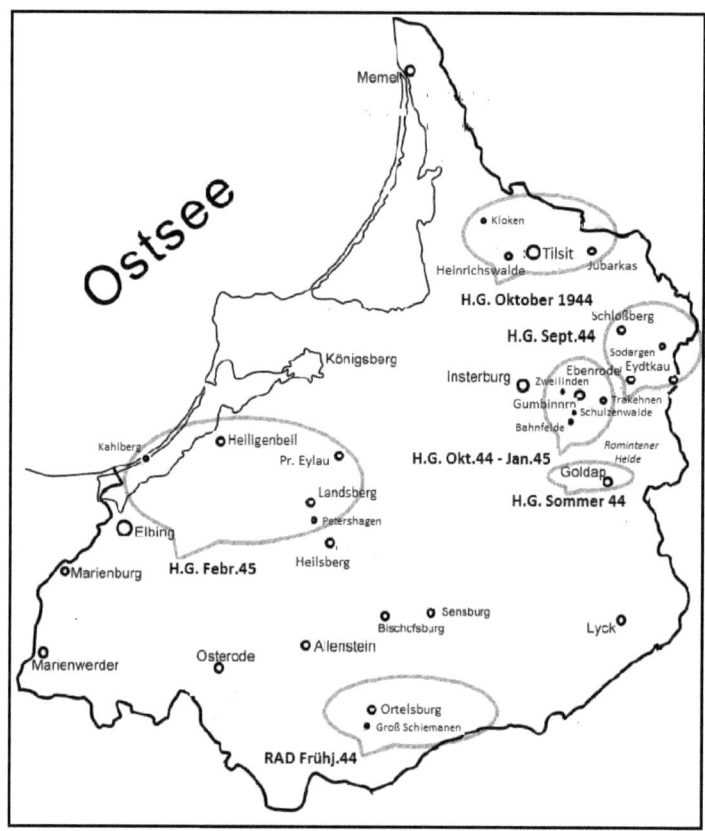

Abb.14 Einsatzgebiete in Ostpreußen, RAD und H.G.

Ich kam mit einem Salbentöpfchen und einem Attest für den Innendienst zu der Straßengabelung zurück. Von unserer Einheit war nichts mehr zu sehen. Dafür lungerten dort aber einige Versprengte herum. Einer saß mit entblößtem Oberkörper in einem verlassenen Gebäude und knackte einen ‚Panzer' (Laus) nach dem anderen zwischen Daumen und Zeigefinger. Auf dem

Hof eines anderen Anwesens steckte ein geschlachtetes Rind auf einem Spieß, Mit dem Taschenmesser wurden Stücke herausgeschnitten und über offenem Feuer gebraten.

Am Abend brauste ein junger Kraftfahrer unserer Einheit in einem VW-Kübelwagen heran. Ich sollte mich hinten auf die offene Karosserie setzen und mit schussbereitem Karabiner die Fahrt durch das vom Feind besetzte Trakehnen zu unserer Einheit sichern. Wir kamen im Schutze der Dunkelheit unbehelligt durch. Am Einsatzort angekommen wurde ich sofort als Posten in ein Schützenloch gesteckt. Ich löste meinen Kameraden Hein Andresen ab, den ich schon von Goldap her kannte. Er hatte kurz vorher einen angreifenden Iwan erschossen und dessen Maschinenpistole erbeutet. Dafür bekam er später das Eiserne Kreuz 2. Kl.

Wir hatten auch zwei Tote zu beklagen. Der Sanitäter kam und nahm deren persönliche Sachen und die halben Erkennungsmarken an sich. Dann wurde in aller Eile ein Grab geschaufelt, wobei ich helfen musste. Etwa eine Woche später hörte ich durch die Tür der provisorischen Schreibstube, wie unser Batteriechef eine Mitteilung an die Eltern der gefallenen Kameraden diktierte: „ … Heldentod … Führer, Volk und Vaterland … tapfere Pflichterfüllung … auf dem Felde der Ehre … bla, bla, bla"

Das war übrigens der einzige, zumindest akustische, Kontakt mit unserm Batteriechef, gesehen habe ich ihn nie. Das war bei der Heimatflak bei Berlin ganz anders.

Da war jeden Morgen Appell für die ganze Batterie, und der Chef war stets gegenwärtig.

Nach dem Gefecht bei Trakehnen bin ich zusammen mit dem jungen Kraftfahrer in einem verlassenen abseits liegenden Dorf gelandet. Da liefen noch ein paar Hühner herum. Mein Kamerad zögerte nicht lange, und wir hatten eine Suppe. Meine Beute waren lediglich eingemachte Kirschen, aber leider ohne Zucker.

Die Idylle wurde bald gestört, und ich wurde dem Tross zugeteilt. Wir kamen in verstreuten Gebäuden entlang einer Allee unter, die wohl nach Goldap führte. Ich traf dort mit einer Handvoll anderer Drückeberger aller Altersklassen zusammen. In unserm Quartier konnte man Wohnzimmer, Küche und Schlafkammer mit einem einzigen Kachelofen heizen. Es gab auch eine Petroleumlampe. Im Stall waren Bienenkästen. Da konnte man es sich gemütlich machen, Kartoffelpuffer backen, Honig ernten und vor allem Körper und Unterhose waschen. Letztere konnte man allerdings erst wieder anziehen, nachdem sie getrocknet war. Wäsche zum Wechseln gab es nicht.

Aus dem zitierten Tagebuch geht hervor, dass sich der Div.-Gefechtsstand noch am 20.10.44 in Trakehnen befand. Andererseits soll Trakehnen am 21.10.44 bereits von der Roten Armee eingenommen worden sein. Die von mir erinnerten Ereignisse können sich aber erst am 23.10.44 abgespielt haben. Ein deutscher Panzer war noch vor Ort.

Wahrscheinlich habe ich auch meinen Eltern über meine Erlebnisse berichtet Auf meine Briefe vom 28.10., 30.10. und 02.11. antwortete mein Vater:

Dein Appetit scheint durch Deine Erkrankung nicht gelitten zu haben. 15 Kartoffelpuffer! Alle Achtung! ... Woher habt Ihr denn das notwendige Fett genommen? Findet Ihr in den verlassenen Häusern noch mancherlei an Lebensmittel vor? Auch die ‚Honigernte' hat uns viel Spaß gemacht. Wie schmecken denn Kartoffelpuffer mit Bienenhonig?

Der Tross wurde bald für längere Zeit in ein festes Quartier verlegt. Es war ein großer Bauernhof wahrscheinlich in Bahnfelde, einem Ort, der heute nicht mehr existiert. Die Kämpfe waren abgeflaut, der Feind überall zurückgeworfen. Wir verbrachten die Zeit mit Postenstehen, Fleisch für die Wurst durchdrehen, Kartoffeln schälen, den Diesel anschieben u.s.w. Einmal wurde ich zusammen mit einem Kameraden bei Nacht querfeldein in die Geschützstellung geschickt, um unserm jungen Leutnant eine Zinkbadewanne zu bringen, die im Dorfe gefunden worden war.

Aber auch der militärische Dienst kam nicht zu kurz, denn jeder ist ein Kämpfer, auch beim Tross, hatte doch der Reichsmarschall verkündet. So sollten wir den Gebrauch der ‚Panzerfaust' erlernen. Demonstrationsobjekt war ein abgeschossener sowjetischer Panzer vom Typ T 34, der in der Nähe dem durch die Rote Armee verübten Gräueltaten berüchtigten Orte Nemmersdorf liegengeblieben war. Die Demonstration war wie immer rein theoretisch. Ich hätte mich sowieso nicht getraut, diese Waffe abzuschießen, habe auch nie eine in die Hand genommen.

Die andern ‚Panzer' konnte man zumindest versuchen zu bekämpfen. Alle als verlaust Verdächtigen wurden gut mit Leberwurst versorgt zur Entlausung in Marsch gesetzt. Das Ungezieferproblem war offenbar weit verbreitet. Bei einem anderen Chronisten habe ich gelesen, dass die Entlausung in Husarenberg stattfand. Die Prozedur beinhaltete, alles ausziehen, auf einen Bügel hängen, sich selbst unter einem dünnen Wasserstrahl säubern und die dreckigen Sachen nach einer Hitzebehandlung wieder anziehen. Nach kurzer Zeit waren die Läuse wieder da.

Das Einsatzgebiet der IV./Fsch.-Flakrgt. H.G. geht aus Schriftstücken vom 07.11.1944 hervor:
> *Gliederung und Einsatz des Fsch.-Flakregiment ab 8.11. morgens gemäß Planpause.*
> *Ablösung der 23./Battr. durch 11./Battr. so rechtzeitig, dass 23.Battr. noch im Verlauf der Nacht im Eisatzraum der IV./Abtlg. einsatzbereit wird.*

4) *Abschnittsgrenzen zwischen Fsch.-Pz.Gren.Rgt.3.H.G. und Fsch.-Pz.Gren.Rgt.4.H.G. ab 8.11.44 12.00 Uhr: Breuersdorf (4) – Girnen (3) – Brückental (4) – Straße Brückental-Groß Waltersdorf (4) – Grimmbach (3)*

7) *Flak-Artillerie IV./Fsch.Flak-Rgt. H.G. im Luftschutz und erdart. Einsatz im Abschnitt des Fsch.-Pz.Gren.Rgt.3.H.G.,*

III./Fsch.Flak-Rgt. H.G. im Luftschutz und erdart. Einsatz im Abschnitt des Fsch.-Pz.Gren.Rgt.4.H.G sind auf Zusammenarbeit mit der Div. angewiesen.

8) *Pioniere:*
Die Erkundung einer dritten Stellung in der allgemeinen Linie ostw. Ramfelde – ostw. Schulzenwalde – ostw. Brauersdorf – ostw. Kleinweiler – Wolfseck und einer Riegelstellung am Westufer der Rominte zwischen Brückental und Hochfliess ist nach ergangener mündlicher Weisung beschleunigt durchzuführen.

9) *Nachrichtenverbindung:*
Fsch.Pz.Nachr.Abt.2 HG baut und hält Drahtverbindung zu …. III./ und IV./Fsch.Flak-Rgt. HG
Div.Gef.Std. bis 8.11.44 mittags Bahnfelde, ab 8.11.44 mittags Plicken.

In der Flakgrenadierkompanie, Scheinwerfer im Erdeinsatz

Meine Tage beim Tross waren gezählt. Mitte November 1944 wurden sog. Flakgrenadierkompanien aufgestellt. Alles entbehrliche Personal wurde dafür zur Verfügung gestellt. Kein Wunder, dass ich wieder mal dabei war.

In der Heimat wurde in dieser Zeit ebenfalls das letzte Aufgebot mobilisiert. Mein Vater war auch betroffen. Er schrieb:

28.09.1944

Schrieb ich Dir schon, dass man mich zur ‚Landwacht' herangezogen hat? In der Nacht vom Freitag zum Sonnabend muss ich zum ersten Mal drei Stunden Wachtdienst machen. Es gehen immer zwei Mann, mit italienischen Karabinern bewaffnet.

22.11.1944

Habt Ihr schon etwas vom Volkssturm mitbekommen? Ich habe hier bei der Aufstellung des Btl. Großbeeren geholfen. Abend für Abend haben wir die Freiwilligen aufgenommen und ‚verkartet'. Am Sonntag vor acht Tagen war hier in Großbeeren die Vereidigung des ersten Aufgebots. Ich hatte die ehrenvolle Aufgabe erhalten, bei dieser Gelegenheit zu den Männern zu sprechen. Ich habe bis heute noch keine Nachricht über die Zugehörigkeit zu einem der vier Aufgebote bekommen. Blumenthal (der NSDAP-Ortsgruppenleiter und Schulhausmeister) wollte wissen, dass ich dem Bataillonsstab zugeteilt werden soll.

19.12.1944

Der Volkssturm nimmt uns nicht übermäßig in Anspruch. Ich bin, wie ich Dir wohl schon schrieb, tatsächlich beim ersten Aufgebot Schreiber im Kompanietrupp. Am letzten Sonntag haben wir 4 Stunden auf dem Übungsplatz bei Heinersdorf herumgestanden und jämmerlich gefroren. Wir sollten Schützenlöcher ausheben. ... Am Sonntag vor acht Tagen haben wir am Genshagener Bahndamm scharf geschossen. In Zukunft sollen wir (d. h. der Komp.-Trupp) nur noch selten zum Außendienst herangezogen werden,

Wie die Aufstellung der Flakgrenadierkompanien gehandhabt wurde, ist aus einem entsprechenden Befehl vom 17.11.1944 für die II./Fsch.-Flakrgt. H.G. ersichtlich:

Zur Aufstellung der Flakgrenadierkompanie wird befohlen:

1) *Personal:*

    bestehender Allarmzug und Kommandierte vom Stab und von der 7.-12. Batterie, insgesamt 9 Uffz., 53 Mannschaften.

2) *Unterstellung:*

    Sämtliche Uffz. und Mannschaften gelten als Kommandierte und sind weiterhin von ihren Stammeinheiten zu betreuen.

3) *Ausrüstung*

    Die Kommandierten sind feldmarschmäßig mit Karabiner (Uffz. außerdem soweit vorhanden mit Pistole), Gasmaske, Stahlhelm, Schanzzeug usw. in Marsch zu setzen.

    Außerdem: Feldküche, 1 Solo-Krad, 10 M. G. 15, 1 Lkw, 6 M.P.

4) *Durchführung:*

Eintreffen der Kommandierten 20.11.1944,
09.00 Uhr bei B. B. 7. Battr. (Husarenberg).

Wir von der IV./Fsch.-Flakrgt. H.G. trafen uns nicht in Husarenberg, sondern auf dem Gutshof in Schulzenwalde. Unser Wachtmeister Erdmann war auch dabei und führte das Kommando.

Abb.15 Herrenhaus in Schulzenwalde vor der Zerstörung

Schulzenwalde war am 20.10.1944 von der Roten Armee eingenommen worden, wurde aber kurz darauf zurückerobert. Von dem schönen Herrenhaus standen nur noch die Grundmauern. Die Scheune, in der wir kampierten, war jedoch unzerstört. Es war in dieser Zeit schon empfindlich kalt. Deshalb stand inmitten unserer Nachtlager aus Stroh ein Kohlenkorb, an dem wir uns wärmen konnten. Wenn man bedenkt, dass mancher auch ein ‚Hindenburglicht' anzündete, um einen Brief zu lesen oder zu schreiben, so grenzt es an ein Wunder, dass die

Scheune nicht abgebrannt ist. Zur Morgentoilette musste man zu einem Bächlein hinter der Schlossruine laufen.

Auf die Dauer ging das so nicht. Wir wurden daher vorübergehend in einer Arbeitersiedlung außerhalb des Dorfes untergebracht. Das war aber auch nicht viel besser. Denn, wenn wir abends müde und durchgefroren von Schanzarbeiten zurückkamen, war die Bude ja erst mal noch eiskalt. So ging es wieder zurück auf den Gutshof. Die Keller in der Ruine waren noch oder wieder zugänglich. Der Schlafraum der Unteroffiziere war sogar vom Kellergang her heizbar. Feuer machen musste natürlich einer von uns.

Außer Wachdienst und Schanzarbeiten in der Umgebung fand kaum etwas statt, ganz so wie es H.G. in seiner Rede angekündigt hatte: buddeln, buddeln, buddeln … Bei gefrorenem Boden war das ziemlich anstrengend. Mit dem Spaten ging erst mal gar nichts. Man musste mit der Kreuzhacke arbeiten. Da war ich überfordert.

Einmal kam die Truppenbetreuung zu uns nach Schulzenwalde. In der Scheune wurde eine Leinwand aufgespannt und ein Film vorgeführt. Es gab ‚Die Zaubergeige‘ mit Will Quadflieg und Gisela Uhlen in den Hauptrollen, ein UFA-Film von 1943/44, der ein Heile-Welt-Gefühl vermitteln sollte. Ich fand das damals unpassend.

Nun war schon ein paar Wochen Ruhe an der Front, und man hatte sich so gut es ging eingerichtet. Auf dem oben erwähnten Bauernhof (in Bahnfelde?) hatte man im Schweinestall eine Sauna installiert. Eines Abends durften wir hinein. Der Schwitzraum war in der Futterküche, und die Dusche wurde aus einem Jauchefass an der Decke des Stalles gespeist. Für ein Dutzend nackter Männer war es schwer, etwas von dem Wasserstrahl abzubekommen. Anschließend folgte noch die stets peinliche ‚Schwanzparade'. Um eine Sauna, sei es im Hotel oder in einer öffentlichen Badeanstalt, habe ich fürderhin einen großen Bogen gemacht.

Ab und zu gab es auch eine Schnapszuteilung. Jeder hielt seine Feldflasche hin und ließ sich seine Ration einfüllen. Die Flasche musste dann bald geleert werden, denn man brauchte sie auch für die anderen Getränke. Nicht jedem ist der Alkohol bekommen. Mein Nachbar auf dem Strohlager hat mich mal vollgekotzt, eklig!

Wie es mit dem Fsch.-Flakrgt. weiterging ist nur noch spärlich dokumentiert. Das letzte archivierte Schriftstück ist ein Tätigkeitsbericht der II. Abteilung für die Zeit vom 15. – 31. 12. 1944:

1) *Erdlage:*

2) *Luftlage:*

3) *Stellungsbau:*

Die bereits fertiggestellten Stellungen wurden durch laufende Arbeiten verbessert. Die Schanzarbeiten werden auch in Zukunft fortgesetzt. Bis zum 17.12. waren auch die im Bau befindlichen Bunker fertiggestellt und als Unterkünfte bezogen.

Besonders die Stellungen bei Husarenberg (Husarenriegel) wurden weiterhin von 7.Battr. und Flak-Gren.-Komp. ausgebaut.

4) *Ausbildung:*

Die z.Zt. herrschende Gefechtsruhe erlaubte, die im ersten Halbmonat Dezember begonnene Ausbildungsperiode fortzusetzen. Die Schulung erstreckte sich auf alle Gebiete des inneren und äußeren Dienstes mit Schwerpunkt auf flakartilleristischer-, artilleristischer-, infanteristischer- und Unterführer-Ausbildung.

Schwierigkeiten:

Die Ausbildung leidet unter den Anforderungen des Einsatzes mit besonderer Feindeinsicht und Ortsgebundenheit einiger Batterien sowie dem Umstande, dass sämtliche Batterien im Wirkungsbereich der feindlichen Artillerie liegen.

Im Großen und Ganzen deckt dieser Bericht sicherlich auch die Tätigkeit unserer IV. Abteilung ab. Nur ein Punkt wäre hinzuzuführen, der sich auf meinen persönlichen Einsatz auswirkte. Man war nämlich auf die Idee gekommen, nicht nur die Geschütze sondern auch die Scheinwerfer der Flak im Erdkampf einzusetzen. Eine kleine Gruppe aus unserer Flakgrenadierkompanie unter Führung des Wachtmeisters Erdmann, darunter auch ich, wurde für diese Aufgabe ausgewählt. Zwei Tage vor Weihnachten, gerade an meinem 18. Geburtstag, fand die Einweisung in den Gebrauch des Gerätes statt. Das beschränkte sich wieder mal auf ein paar Trockenübungen. Am Ende dieser Ausbildung hatten wir weder den Generator für die Stromversorgung angeworfen noch den Lichtbogen des Scheinwerfers gezündet. Trotzdem ging es gleich am Heiligabend in den Einsatz.

Wir hatten die Aufgabe, im Falle eines nächtlichen Angriffes herannahende Panzer anzuleuchten, damit die Kameraden von der Pak (Panzerabwehrkanone) besser zielen könnten. Das war ein rechtes Himmelfahrtskommando, denn wir wären für die Angreifer ebenfalls ein ideales Ziel und damit eine leichte Beute gewesen.

Bevor es losging wurden wir mit richtiger Winterkleidung versorgt, wattierte Jacken und Hosen zum Überziehen, eine Seite weiß, die andere tarnfarben, und vor allem Filzstiefel statt der Schnürstiefel. Das war eine Erleichterung, denn ich hatte bereits eine offene Frostbeule an der großen Zehe.

Die Pak-Stellung, der wir zugeteilt wurden, lag bei einem Geländeeinschnitt in der Nähe von Zweilinden. Sie war bereits mit Laufgräben und einer Latrine ausgebaut. Für uns gab es aber noch keine Unterkunft. Wir sind daher vorerst in den Kartoffelkeller einer zerstörten Scheune gekrochen. Auf der Wiese daneben gab es ein Wasserloch, das aber vom Feind eingesehen werden konnte. Der Scheinwerfer war schon aufgefahren.

Am Abend unseres Eintreffens wurde ich mit einer Meldung zum Gefechtsstand geschickt. Die Rückmeldung musste ich in der Melderstube abwarten.

Die Kameraden dort waren schon eine Weile dabei, Weihnachten zu feiern, mit Schnaps, versteht sich. Das war nüchtern, wie ich war, nur schwer zu ertragen. Bei meiner Rückkehr in der Stellung gab es Post. Für mich war ein Päckchen dabei. Unter anderem waren Wollsocken darin. Mein Vater schrieb am 09.01.1945:

Mein lieber Junge!
Gestern kam Dein lieber langer Brief vom 4. 1. (mit dem Ostkrieger 1944!) hier an. Wir haben uns sehr darüber gefreut, einmal, weil wir wieder eine gute Nachricht von Dir bekamen, zum andern, weil Ihr so gut mit schützenden Wintersachen versorgt worden seid, und drittens, weil wenigstens eins der beiden Päckchen von der Fürsorgestelle (Frau v. Schröder, NSV-Reichsamtsleitung) schon angekommen war. Hoffentlich ist nun inzwischen auch das zweite mit den warmen Sachen bei Dir eingetrudelt.

Unsern 60-cm-Scheinwerfer und den Generator haben wir zwar sorgsam bewacht, im Ernstfall hätte aber wohl keiner von uns das Ding anwerfen können. Erst einmal musste ein Bunker gebaut werden. Wir wurden zu viert losgeschickt, Baumaterial zu holen. Auf einem einsamen Gehöft haben wir kurzer Hand ein Scheunentor für die Bunkerdecke abmontiert. Dabei machten wir eine gruselige Entdeckung. Auf dem Hof lag nämlich ein toter Iwan, vermutlich schon seit fast zwei Monaten und tiefgefroren. Der Frontverlauf hatte sich seitdem um mehrere km verschoben, so dass der gefallene Soldat nicht mehr bestattet werden konnte. Wir fühlten uns auch nicht zuständig.

Sowjetische Winteroffensive und Verwundung

Anfang Januar 1945 noch rechtzeitig vor Beginn der drohenden russischen Offensive wurde ich in meine Batterie zurückversetzt und einer mir fremden Geschützbedienung zugeteilt. Dort traf ich auch meinen Freund Achim wieder. Er hatte es sich zusammen mit seinem Funkerkameraden in einem Kartoffelkeller recht wohnlich eingerichtet. Bei meinem Auftauchen wurde ich misstrauisch beäugt als wollte ich die Idylle stören.

Es war zwar noch ruhig an der Front, aber die aufziehende Gefahr spürte man fast körperlich. Bei mir nahmen die Darmbeschwerden extrem zu. Das ging sogar so weit, dass ich auf Posten oder beim Stellungswechsel nicht immer schnell genug abprotzen konnte. Rund heraus, ich habe mir vor Angst zweimal in die Hose geschissen.

Während meine Kameraden mit dem Geschütz vorrückten, durfte ich im Gefechtsstand meine Unterhose auswaschen. Aber gleich danach wurde ich mit einem versprengten Soldaten einer anderen Einheit wieder auf Streife geschickt. Da war noch alles in Ordnung. Doch kurze Zeit später fanden wir den fremden Kameraden tot am Wegesrand liegen. Wie üblich wurden seine persönlichen Sachen in Sicherheit gebracht. Aber er hatte noch eine wattierte Unterhose an. Die war zu schade für das Grab. Da ich meine warme Winterkleidung schon vor einigen Tagen an einen ranghöheren Soldaten abzugeben gezwungen war, bekam ich zum Trost die warme Unterhose des toten Kameraden.

Bald darauf war unsere Stellung nicht mehr zu halten. Alle waren schon aufgesessen. Da wurde bemerkt, dass das Feldtelefon noch im aufgegebenen Gefechtsstand war. Wer sollte es holen, wenn nicht der Funker. Nun folgte ein Stellungswechsel dem anderen. Meistens war die Zivilbevölkerung auf unserem Wege schon geflohen. Nur selten trafen wir die Einwohner noch im Aufbruch befindlich. Bei einem Schulhaus hatte ein Flüchtlingstreck nicht nur auf Schritt und Tritt Scheißhaufen, sondern auch Gepäck hinterlassen. Wir bedienten uns mit frischer Unterwäsche und warmen Wollsocken.

Obwohl wir in kein bedeutendes Gefecht verwickelt waren, verlor unsere Truppe von Tag zu Tag außer Personal auch Gerät. Besonders machte sich der Mangel an Fahrzeugen bemerkbar. Anfang Februar musste ein einziges Kettenkrad (vorne Motorrad, hinten Kettenfahrzeug) nicht nur unsere Kanone ziehen, sondern auch Munitionskisten und Mannschaft befördern. An einer Straßenkreuzung wurde ich abgesetzt, um nachfolgende Fahrzeuge einzuweisen. Übermüdet und verfroren, wie ich war, habe ich meinen Karabiner vergessen an mich zu nehmen. Da stand ich nun einsam ohne Waffe in der Gegend herum. Wenn der Iwan käme, dachte ich, nähme ich einfach die Hände hoch, was aber, wenn die gefürchteten ‚Kettenhunde‘ von der Feldpolizei auftauchten?

Es kam aber überhaupt niemand, auch kein nachfolgendes Fahrzeug. So machte ich mich in der vorgegebenen Richtung auf den Weg. An der Straße stand ein einsames Haus, in dem sich ein bunt zusammengewürfelter Haufen Soldaten drängte. Ich war versucht, mir eine der herumliegenden Waffen zu nehmen, bin dann aber ohne weitergezogen. Im nächsten Dorf, es war nach meiner Erinnerung Petershagen, fand ich meine Einheit und auch meinen Karabiner wieder.

Wir haben das Dorf gleich wieder verlassen. Das Geschütz wurde einige km weiter an einem Waldrand in Stellung gebracht. Der Gefreite Rettenmeyer und ich folgten dem Zug einige Zeit später. Als wir an den Wald kamen, wurde es schon dunkel, so dass wir die Orientierung verloren. Wir haben daher abseits von der Truppe im Zelt übernachtet. Es war der 3. Februar, der Geburtstag meiner Mutter. Daher kann ich das Geschehen auch heute noch zeitlich einordnen. Auf unserm Nachtlager kam es zu einem Gespräch über die Kriegslage, wobei ich mich ‚defätistisch' äußerte, damals ein schweres Vergehen. Rettenmeyer hat mich empört zurechtgewiesen, obwohl uns doch niemand hören konnte.

Am nächsten Morgen fanden wir unsere Leute wieder. Die hatten gerade Sekt bekommen, um die Kampfmoral zu heben. Für uns war auch noch ein Schluck übrig.

Dann sollten wir zu dritt ein paar hundert Meter abseits nur mit unseren Karabinern bewaffnet Posten beziehen. Gegenüber in Sichtweite bereiteten sich die Gegner auf ihren nächsten Angriff vor. Unsere Chance zu überleben war gleich Null. Zum Glück wurde unsere Stellung noch rechtzeitig geräumt. Beim Rückzug passierten wir eine Wiese. Hinter einer Bodenwelle hatte ein Haufen Soldaten Deckung gesucht. Zwischen diesen sprang ein

Leutnant mit der Pistole in der Hand herum, um seine Leute auf Trab zu bringen. Ein Stück weiter blieb unser bestes Fahrzeug, ein Diesel-Lkw, auf einem Acker liegen. Es musste gesprengt werden, wodurch auch die ganze Ladung verlorenging.

Wir befanden uns wieder bei Petershagen. Da war ein Gutshof (Salwarschienen?) mit einem kleinen Park hinter dem Herrenhaus. In dem Park stand ein Gedenkstein, der mich beeindruckte. Etwas außerhalb des Anwesens gab es auf einem Hügel einen Friedhof, vermutlich für die Gutsbesitzerfamilie. Auf dem Feld davor wurde unsere Kanone in Stellung gebracht. Zusammen mit einem aufgegriffenen Versprengten wurde mir ein modernes Maschinengewehr zugeteilt, ohne Einweisung versteht sich. Wer hätte uns auch einweisen sollen, da die Vorgesetzten selbst keine Ahnung hatten.

In der folgenden Nacht gab es Alarm.

Petershagen, Ostpreußen, 07. Februar 1945
Während ich noch auf eine Anweisung des Geschützführers wartete, wo ich mit dem Maschinengewehr, das mir kurz zuvor ohne Anleitung zugeteilt worden war, in Stellung gehen sollte, um auf die angreifenden Rotarmisten zu schießen, explodierte eine Granate direkt vor unserer Kanone. Bis auf den Unteroffizier waren alle Kameraden verwundet oder sofort tot. Ich sagte: „Mich hat es auch erwischt.", ließ das Maschinengewehr los und lief zurück in die Unterkunft. Ein Kamerad nahm mir Stahlhelm, Karabiner und Koppel mit Patronentaschen ab, zog mir vorsichtig den Mantel aus und brachte mich zur ersten notdürftigen

Versorgung meines zerschmetterten Oberarmknochens zum nächstgelegenen Verbandsplatz.

Diese Schilderung mag manchem Leser bekannt vorkommen. Ja richtig, Theodor Körners Heldentod 1813 in Gadebusch. Wie sich die Bilder gleichen! Und wie banal ist doch das Heldentum!

Gadebusch, Mecklenburg, 26. August 1813

.... *Während wir über die Unmöglichkeit sprachen, in die sehr dichte Schonung einzudringen und die Franzosen daraus zu vertreiben, fiel ein Schuß und Körner ruft „Mich haben sie gut getroffen" legt die Hand in die rechte Seite, neigt sich rücklings nach rechts, fällt vom Pferde und ist sofort tot. Der Leutnant Fischer und der Oberjäger Helfritz nahmen die wertvollen Gegenstände des teuren Toten an sich und dann trugen wir ihn zu einem der erbeuteten Wagen, wo wir ihn so gut zu betten suchten, als es möglich war. ...*(Anton Probsthan)

Abb. 16 Kanie Iławeckie (Salwarschienen) 2015.
Ehemaliger Park am Gutshof (?)

Der Verbandsplatz befand sich im Keller des Gutshauses. Verwundete lagen auf Strohschütten. Gerade wurden einige auf einen ‚Panjewagen' verladen. Für mich war kein Platz, Aber ich durfte mich mit dem unverletzten Arm an der Runge festhalten und querfeldein hinterherstolpern. Im Hauptverbandsplatz wurde ich noch in der Nacht operiert. Der Arm blieb dran, welch ein Glück! Am nächsten Morgen ging es per Lkw zum Bahnhof (Landsberg?, Pr.Eylau?). Bei dieser Gelegenheit traf ich unsern Leutnant, der wohl eine Schramme abbekommen hatte. „Nächste Woche sehen wir uns wieder in der Stellung!" – „Jawohl, Herr Leutnant." („Ach leck mich doch am Arsch!").

Auch bei diesem Geschehen ist es schwer Ort und Zeit richtig zuzuordnen. Nach der Ortschronik *drangen am 2.2.1945 sowjetrussische Truppen von Heilsberg her erstmalig in den Ort* (Petershagen) *ein, das unverteidigt war und kaum Schäden erlitt. Ein deutscher Gegenstoß kurze Zeit nachher wirkte sich für Petershagen wenig aus, es blieb in russischer Hand.* Das südöstlich von Petershagen gelegene *Gut Dittchenhöfen geriet schon frühzeitig am 2.2.1945 in den Frontbereich und wurde von Sowjettruppen besetzt.* Das weiter nördlich gelegene Gut *Salwarschienen wurde am 2.2.1945 von Sowjet-Truppen ohne Kämpfe besetzt.* An diesem Tage hatte unsere Einheit Petershagen gerade verlassen. Hier passen also Ort und Zeit.

Ob wir allerdings nach Salwarschienen zurückgekehrt sind und dort bis zum 7.2.1945 verblieben, ist nicht mit Sicherheit zu sagen. Wir hatten uns sicherlich im Fußmarsch nicht sehr weit von Petershagen entfernt, und die Lage des Gutshofes mit seinem kleinen Park am Rande der Ansiedlung stimmt mit meiner Erinnerung recht gut überein.

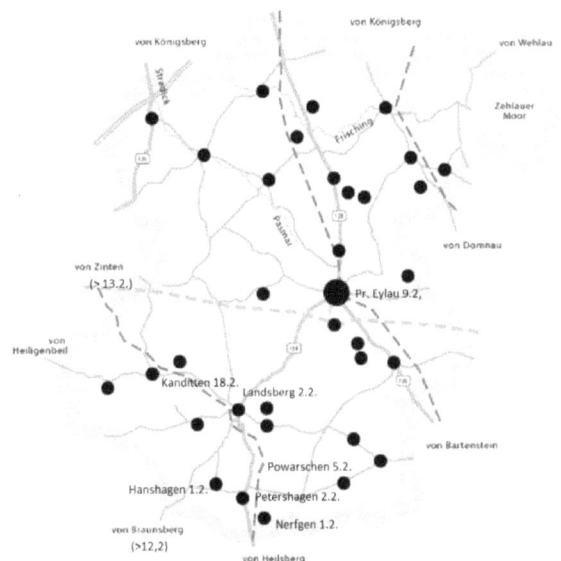

Abb. 17 Die Rote Armee im Kreis Preußisch Eylau,
Daten des erstmaligen Einmarsches im Februar 1945:
Hanshagen,Nerfgen   1.2.,   Petershagen,Landsberg   2.2.,
Powarschen 5.2., Pr. Eylau 9.2., Braunsberg n. d. 12.2.,
Zinten n. d. 13.2., Kanditten 18.2.

Es ist aber zudem fraglich, ob die überlieferten Daten auf den Tag
genau stimmen. Schließlich war in den verlassenen Dörfern außer
den einrückenden sowjetischen Soldaten kaum ein Augenzeuge
anwesend. Außerdem ist es eher unwahrscheinlich, dass jeder
Gutshof sofort besetzt gehalten wurde.
Das benachbarte Dorf Hanshagen erreichte die Front schon am 1.2.
Die Rote Armee wurde aber am 5.2. zurückgeschlagen und kehrte
erst am 7.2.1945 zurück. Auch vom Grenadier-Regiment 509 wird
berichtet, dass man das Dorf Nerfken am 4.2.1945 von der Roten
Armee wieder verlassen vorgefunden habe und sich danach auf
Hanshagen zurückgezogen habe.

Weiter ging es mit einem Güterzug, dessen Wagons mit Stockbetten ausgerüstet waren. Alle Betten waren schon voll. auf dem Boden war kaum noch Platz zum Sitzen. Ich hatte Fieber, aber was soll's? Die Endstation war Heiligenbeil, ganz draußen vor der Stadt. In Baracken auf dem Kasernengelände wurden wir untergebracht.

Ich hatte mal wieder ein dringendes Bedürfnis. Mit dem kaputten Arm auf dem Bauch festgebunden war das Ankleiden nicht so einfach. „Ach, kannst du mir mal helfen?" – „Ich? Ich bin doch Unteroffizier!" Diese Einstellung hat sich noch bis Kriegsende gehalten.

Am nächsten Morgen wurde uns eröffnet, dass es in absehbarer Zeit keine Transportmöglichkeit gebe. Wer einigermaßen gehfähig war, sollte sich zu Fuß auf den Weg machen. Es wurden Kolonnen zu hundert Mann mit je einem Offizier an der Spitze in Marsch gesetzt. Es ging hinunter zum Frischen Haff, das zum Glück völlig zugefroren war. Wir reihten uns in einen endlosen Flüchtlingstreck ein. Am Rande der Piste sah man immer wieder eingebrochene Fuhrwerke. Das Eis konnte die vollbeladenen Wagen kaum tragen. Deshalb hatte ich keine Chance mitgenommen zu werden. Allenfalls konnte ich mich mal an einem der Wagen festhalten. Die Eindrücke von diesem Marsch über das Haff haben mein Bild von jedwedem Flüchtlingselend nachhaltig geprägt.

Am anderen Ufer auf der Nehrung gab es aus einer Feldküche eine warme Suppe. Dann ging es weiter auf dem Eis entlang der Frischen Nehrung. Es war schon dunkel, als ich Kahlberg erreichte. Das war in Friedenszeiten ein beliebtes Seebad. Von unserer Kolonne war nicht mehr viel übrig. Es wurde gemunkelt, unten am Ostseestrand liege am Landungssteg ein Frachtschiff zur Abfahrt bereit. Ich kam gerade noch rechtzeitig, bevor die Luke geschlossen wurde. Der Boden des Frachtraums war dicht bei dicht mit Verwundeten belegt. Für mich gab es gerade noch eine Ecke zum Hinhocken.

Unser Schiff war die ganze Nacht auf See und erreichte am nächsten Morgen unbehelligt den Hafen von Danzig-Neufahrwasser. Die Lagerhallen am Hafen waren voller verwundeter Soldaten. Aus der Kolonne, die in Heiligenbeil aufgebrochen war, erkannte ich nur den Leutnant, der uns angeführt hatte. Sonst waren alle fremd. Trotz des Gedränges herrschte eine gewisse Ordnung. Es gab zumindest für jeden etwas zu essen, aber keinen erkennbaren Plan, wie es weitergehen sollte. Da ergriff ein erfahrener Feldwebel die Initiative, stellte einen kleinen Trupp zusammen und marschierte mit ihm in die Stadt zu einer Kaserne. Dort haben wir in richtigen Betten übernachtet und wurden am nächsten Tage einem Truppenarzt vorgeführt. Die Läuse hatten sich inzwischen ordentlich an meiner eiternden Wunde gelabt. Damit war aber nun Schluss. Meine Unterwäsche kam gleich in den Müll, die Oberbekleidung passierte die Entlausungskammer und wir durften duschen. In der Kleiderkammer bekam ich eine frische Unterhose. Ein Eintrag darüber in meinem Soldbuch ist auf den 14.02.1945 datiert.

Zur Weiterbehandlung wurde ich in das Feldlazarett (mot)775 geschickt, das in einem Schulgebäude untergebracht war. Ich sollte in das nächste freiwerdende Bett gesteckt werden. Bis dahin musste ich in der Sterbekammer mit dem Sterbenden ausharren. Meine Kleidung wanderte in den Müll. Ich behielt nur meine Feldmütze, gefüllt mit Soldbuch und ein paar Habseligkeiten. Der Arm kam nun auf eine spezielle Schiene, den sog. ‚Stuka' (Sturzkampfbomber). Der Verband umfasste nicht nur den hochgelegten Arm, sondern auch den ganzen Oberkörper.

Zunächst kam ich in den Saal mit den Schwerverwundeten. Das war auch angebracht, denn ich war am Ende meiner Kräfte. Eines Abends kam ein BDM-Mädchen zu Besuch und bot mir an, einen Brief an meine Eltern für mich zu schreiben. Ich hätte das mit der freien linken Hand nicht geschafft.

Ein Kriegslazarett (Feldlazarett 775 ?) befand sich in Neufahrwasser in der H…Straße. Das könnte die Hindersinstraße (heute Kasztanowa) gewesen sein, in der die ehemalige Fußartilleriekaserne lag. Nicht weit entfernt in der Hedwigskirchstraße 4 und Sasperstraße (heute Na Zaspe) war die Grundschule für Jungen, die ebenfalls als Lazarett diente.

Nach wenigen Tagen wurde ich in den Turnsaal verlegt. Seltsamerweise war mein Durchfall, der mich doch monatelang geplagt hatte, total verschwunden. Bettlägerig gab es eher das entgegengesetzte Problem. Vielleicht habe ich mich in Danzig schon in Sicherheit gewähnt und deshalb die Angst vergessen. Ich wusste damals gar nicht, welches Glück ich hatte, mit einem der letzten Lazarettzüge abtransportiert zu werden, laut Soldbucheintrag am 22.02.1945.

Im Lazarett in Schmalkalden, amerikanische Kriegsgefangenschaft

Die Zugfahrt dauerte gefühlt eine Ewigkeit. Immer wieder gab es Halt auf freier Strecke. Wahrscheinlich ging es zunächst durch Pommern, das noch in deutscher Hand war. Berlin passierten wir bei Nacht während eines Luftangriffes. Am 28.02.1945 erreichten wir Schmalkalden in Thüringen. Ich kam in das Reservelazarett 72 ‚Knabenschule'. Schon bei der Aufnahme wurde der Stationsarzt, der Unterarzt Dr. Dr. Sigurd Hild, auf mich Gymnasiasten aufmerksam. Er wurde für die nächste Zeit mein Lehrer und meine Bezugsperson.

Als Knochenarzt war er nicht gerade ein Fachmann. Der ‚Stuka' wurde nun in Gips ausgeführt. Der Oberarmknochen sollte durch einen Streckverband gerichtet werden. Das wurde jedoch nach drei vergeblichen Versuchen, ein Loch durch den Ellenbogen zu bohren, aufgegeben. Die eiternde Wunde wurde regelmäßig versorgt. Hinzu kam aber eine leichte Gelbsucht.

Der Krankensaal befand sich drei Treppen hoch unter dem Dach, Toiletten und Waschraum jedoch im Keller. Für die Einbeinigen wurde nachts ein Eimer in das Treppenhaus gestellt. Der lief bei der herrschenden Verdunkelung meistens über. Manche Kameraden waren schon so weit wieder hergestellt, dass sie sonntags einer Einladung zum Essen bei einheimischen Familien nachkommen konnten. Bei den Berichten darüber konnte einem das Wasser im Munde zusammenlaufen. Die Thüringer Klöße wurden von Mal zu Mal größer.

Ansonsten war die Kommunikation innerhalb der Belegschaft recht dürftig und beschränkte sich auf Fragen wie „Haste vielleicht `ne Zigarette für mich?". Unteroffiziere und Mannschaften waren zwar gemeinsam in einem Saal, aber die Rangfolge blieb trennend. Mein Bettnachbar, ein Unteroffizier. hat kein Wort an mich kleinen Kanonier gerichtet.

Ein neu hinzugekommener Patient passte nicht zu den übrigen. Seine Uniform war aus feinem Tuch, aber ohne Rang- und Hoheitsabzeichen. Er litt an Hämorriden. Es wurde gemunkelt, er sei als SS-Hauptsturmführer (Major) Kz-Kommandant gewesen und wegen Feigheit vor dem Feind degradiert worden. Ich weiß nicht, was aus ihm geworden ist. Er verschwand noch rechtzeitig vor Kriegsende.

Einmal war Chefvisite. Man musste gerade ausgestreckt im Bett liegen, Hände auf der glattgestrichenen

Bettdecke. Dann die Meldung: Dienstgrad, Name und Art der Verwundung. Ein kurzer Blick, dann der Nächste. Der Chefarzt (Ich weiß nicht, ob es sich um Dr. Friedrich Jahn, den späteren Retter Schmalkaldens, handelte.) hatte einen ziemlich hohen militärischen Rang, mindestens Oberstabsarzt. Unser doppelter Doktor war dagegen als Unterarzt am unteren Ende der Skala.

Bevor ich soweit wieder hergestellt war, dass ich wenigstens mal einen Blick in die Stadt hätte werfen können, näherten sich bereits die Amis. Anfang April 1945 mussten alle gehfähigen Patienten der Station auf dem Korridor antreten. Unterarzt Dr. Hild gab bekannt, dass beschlossen sei, die Stadt kampflos zu übergeben. Wir sollten aber bedenken, dass für jeden von uns Kriegsgefangenschaft die Folge sei. Wer das nicht wolle, der könne sich einer zum Abmarsch bereiten Kolonne anschließen. Ich war total verunsichert. Deshalb fragte ich nach dem Wegtreten: „Herr Unterarzt, was soll ich denn nun machen?" – „Bist Du verrückt? Du bleibst hier!" Etliche Lazarettinsassen, darunter wohl bevorzugt SS-Leute, haben tatsächlich die Stadt vor der Übergabe verlassen. Die Belegschaft der Station war so geschrumpft, dass die beiden Dachstuben geräumt werden konnten. Das Personal, Arzt, Pfleger und Krankenschwestern, blieb aber da.

Dr. med. Friedrich Jahn war schon seit 1928 im Krankenhaus in Schmalkalden tätig. Nach der Umwandlung in ein Lazarettzentrum im Februar 1945 war er der verantwortliche Chefarzt. In den Tagen vor dem Einrücken der Amerikaner hat er sich allen Anordnungen der Dienststellen von Wehrmacht, Partei und Verwaltung zur Verlegung der Verwundeten und zur Verteidigung der Stadt widersetzt. (Norbert Heyer)

Von dem Einrücken der Amerikaner habe ich hinter den Mauern des Schulgebäudes nichts mitbekommen. Vor dem Eingang bezog lediglich ein GI Posten. Der wurde vorsichtig gemustert. Er benahm sich ganz anders als wir es gewohnt waren. Er hatte es sich in einem Korbsessel bequem gemacht, die Füße hochgelegt, den Helm ins Genick geschoben, das Sturmgewehr beiseite gestellt und rauchte wohlduftende Zigaretten. Lucky Strike, Camel, Phillip Morris und Pall Mall wurden von nun an Objekte der Begierde.

Das alltägliche Leben im Lazarett lief unverändert weiter, die deutschen Militärärzte behielten ihre Funktionen, sogar als disziplinarische Vorgesetzte. Auch die Versorgung musste von der deutschen Lazarettverwaltung selbst organisiert werden. Das führte schnell zu Engpässen bei der Verpflegung.

Innerhalb des Schulgeländes durften wir uns bald wieder frei bewegen. Bei schönem Wetter habe ich gerne auf dem Schulhof die Sonne genossen. Manchmal flogen am helllichten Tage Bomberverbände über uns hinweg Richtung Osten. Ich war nun vor ihrer zerstörerischen Fracht in Sicherheit, aber meine Familie bei Berlin noch nicht!

Von Nachrichten über das Weltgeschehen draußen waren wir ziemlich abgeschnitten. Wir hatten kein Radio und keine Zeitung. Über den Selbstmord Hitlers, die Kapitulation und die Potsdamer Konferenz erfuhren wir nur durch Weitersagen. Interessant waren aber die Reaktionen. Plötzlich waren die meisten schon immer gegen die Nazis gewesen, alle Symbole des untergegangenen Regimes wurden entfernt, die Hoheitszeichen von den Uniformen abgetrennt und selbst Hakenkreuze aus Dokumenten wie den Soldbüchern herausgekratzt.

Die Beschäftigungsmöglichkeiten waren durch die Gefangenschaft begrenzt. Es wurde Skat gespielt, herumgealbert, aufs Essen gewartet oder mit den jungen Krankenschwestern gescherzt. Die Gespräche kreisten meistens ums Essen. Thema 1 kam erst mit Abstand danach. Ein Kamerad hat sehr geschickt Kinderspielzeug gebastelt, obwohl er ans Bett gefesselt war. Dr. Hild bemühte sich sehr, uns auch geistig in Schwung zu halten. So durfte ich manchmal an einer abendlichen Gesprächsrunde bei ihm teilnehmen. Er hat auch Vorträge organisiert. Ich habe mich hervorgewagt und über die Wetterbildung nach dem Bjerknes-Schema referiert, allerdings ohne große Aufmerksamkeit zu erwirken.

Durch die Beschlüsse der Potsdamer Konferenz fiel Thüringen an die sowjetische Besatzungszone. Die Amerikaner mussten somit dieses von ihnen eroberte Gebiet räumen. Sie haben ihre Gefangenen mitgenommen, ein Glück für uns und auch für die Russen. Was hätten sie schließlich mit den vielen arbeitsunfähigen Leuten machen sollen. Jeder von uns durfte nur ein wenig Handgepäck mitnehmen. Das war vor allem eine schöne helle Wolldecke mit roten und blauen Streifen. Aus solchen Decken haben sich die Frauen in den ersten Jahren nach dem Krieg Jacken und Mäntel genäht. Zum Transport wurden wir in

Sanitätskraftwagen gepfercht. Von der Umgebung konnten wir nur durch einen Spalt in der Plane einen Blick erhaschen. Viele Häuser in Schmalkalden waren schon in Erwartung der neuen Herren rot beflaggt.

Bad Salzschlirf und Heimkehr

Die Dauer der Fahrt war schlecht zu ermessen. Beim Ausladen erfuhren wir, dass wir in Bad Salzschlirf bei Fulda angekommen waren. Auf der Straße wurden wir gleich von deutschen Militärärzten gemustert und je nach Befund auf die Häuser verteilt. Ich kam in das Haus Germania in der Nähe des Badehauses. Von den Amerikanern war nichts zu sehen. Zunächst durften wir allerdings die Häuser oder Grundstücke nicht verlassen.

Nach einiger Zeit wurde jeder Gefangene einzeln zur Befragung vorgeladen. Ein GI, der sehr gut deutsch sprach, wollte von mir wissen, ob ich Mitglied in der Hitlerjugend gewesen sei. Ich antwortete ihm wahrheitsgemäß ja, im Deutschen Jungvolk, der Kinderorganisation. Die nächste Frage war der letzte Dienstgrad: „Oberhordenführer" – „Weiter haben Sie es nicht gebracht?" Damit war ich entlassen. Ehemalige SS-Angehörige wurden aussortiert und woandershin gebracht. Ein Stubenkamerad war erst kurz vor Kriegsende mit seiner ganzen Einheit unfreiwillig der SS eingegliedert worden. Der konnte das aber vertuschen, weil er noch nicht die verräterische Tätowierung am Arm hatte.

Dann wurden auch die Stuben nach Waffen, Radios und Fotoapparaten durchsucht. Nach dieser Säuberung gab es kaum noch Einschränkungen für uns. Wir durften uns frei im Ort bis an die Gemarkungsgrenzen bewegen. Eines Sonntags haben wir uns sogar bis in das Nachbardorf Landenhausen vorgewagt, um etwas zu essen zu organisieren. Eine nette Bäuerin hat uns einen großen Berg Streuselkuchen hingestellt, den wir zu dritt in kürze verputzt haben.

Solche Bettelei war ein paar Wochen später nicht mehr nötig, da die Amerikaner die Versorgung übernommen hatten, und von da ab blieb manchmal sogar eine Scheibe Brot übrig. Gute Sachen wie Erdnusscreme, Orangenmarmelade und Grapefruitsaft habe ich damals kennen und schätzen gelernt. Nur Zigaretten gab es nach wie vor nicht. In der Gier danach haben sich manche Kameraden selbst erniedrigt, indem sie sich unter den Augen der GIs und anderer Passanten auf weggeworfene Kippen stürzten. Doris Day's ‚A sentimental journey' dudelte aus den Radios der GIs. Wir sangen nach der Melodie ‚Stell dir vor, wir hätten was zu rauchen. Stell dir vor, wie schön das wär, müssten keine Amikippen schlauchen. Stell dir vor, wie schön das wär'.

Für die GIs galt in dieser Zeit ein Verbrüderungsverbot. Sie durften unsere Unterkünfte nicht betreten. ‚Off limits'. Man begegnete sich jedoch überall. Die amerikanische Musik von Glenn Miller, Benny Goodman usw. passte bald auch zu userm Lebensgefühl. Es gab selten Konflikte. Ein Problem war nur, dass viel zu wenig Mädchen auf die vielen jungen Männer kamen. Die GIs hatten Kaffee, Schokolade, Bananen usw. Dagegen sahen wir alt aus. Ich hatte jedoch Glück. Rita, die ich meinem Bettnachbarn Walter Schwarz aus Trakehnen ausgespannt hatte, war erst vierzehn Jahre alt, konnte aber auch als sechzehnjährig gelten. Sie war die älteste von vier Geschwistern. Ihr jüngstes Brüderchen fuhren wir oft im Kinderwagen spazieren. Ein GI wunderte sich: „So young, and she has a baby!"

Mit meiner Genesung ging es auch voran. Nach etwa fünf Monaten konnte endlich der Stuka abgenommen werden. Da musste ich erst das Gleichgewicht wiederfinden, um gerade zu gehen. Besonders erquickend war ein Wannenbad nach so langer Zeit. Die Schusswunde eiterte allerdings immer noch, und es erforderte noch dreier Operationen bis zum Abheilen.

Von zuhause war ich lange Zeit ohne Nachricht. Der letzte Brief war noch vor der Gefangennahme angekommen. Wie ich später erfuhr, war meine Schwester Christel bei erster Gelegenheit nach Schmalkalden gefahren. Sie hat mich dort aber nicht mehr angetroffen. Nur eine ehemalige Krankenschwester konnte sich noch an einen jungen Mann mit Stuka erinnern. Es dauerte noch bis weit in den Sommer, bis die erste Nachricht über die Zonengrenze hinweg eintraf. Bei aller Freude über den heimatlichen Gruß gab es viel Trauriges und Bedrückendes, kein Lebenszeichen von meinem Vater, der noch in den letzten Kriegstagen als Volkssturmmann in sowjetische Gefangenschaft geraten war, der Großvater gestorben, mein Freund Klaus Liesk und mein Patenonkel Fritz Kleinod gefallen usw. Aber ich war selbst Onkel und trotz Abwesenheit auch Pate geworden. Meine Nichte Sabine hatte gerade am Tag des Russeneinmarschs das Licht der Welt erblickt.

Es dauerte noch gut ein halbes Jahr bis zur Heimkehr. Wir wurden langsam darauf vorbereitet. Jeder bekam neue Kleidung. Sie war aus Uniformstoff gefertigt, aber in zivilem Schnitt. Die Färbung war auch etwas anders als bei den früher üblichen Uniformen. Es gab nicht alles auf einmal, vielmehr erst einen Sommeranzug und dann im Laufe der Zeit ein Hemd, einen Anzug aus Wollstoff, eine Joppe und sogar einen Hut. Zum Schluss hatte ich einen Rucksack voll Klamotten, obwohl ich nur mit einer Feldmütze als einzigem Kleidungsstück im Lazarett eingeliefert worden war.

Wie schon zu Beginn der Gefangenschaft in Schmalkalden suchte mancher von uns nach einer Beschäftigung oder gar nach einer nützlichen Aufgabe. Die Spielzeugherstellung gipfelte sogar in einem gut bestückten Weihnachtsbasar. Einer der ans Bett gefesselten Patienten, im Zivilberuf Ingenieur, hat eine Wanduhr mit Drehpendel konstruiert und gebaut, die lediglich aus amerikanischen Konservendosen und Fahrradspeichen bestand. Ein gelernter Klempner hat ihm dabei geholfen und Material besorgt. Der Ingenieur benutzte für die Berechnungen einen kleinen Rechenschieber. Ich lernte bei dieser Gelegenheit damit umzugehen. Ein anderer handwerklich begabter Kamerad machte sich durch Bau von Beinprothesen und anderen Hilfsmitteln unentbehrlich. Er hatte zum Schluss eine richtige Werkstatt.

Dr. Hild hielt uns auch geistig auf Trab. Die frühere Gesprächsrunde entwickelte sich zu einem literarischen Zirkel. Goethes Faust und West-östlicher Diwan, Rilkes Gedichte und Jüngers Auf den Marmorklippen standen auf dem Programm. Aber auch allgemeine Themen wie Astrologie u. ä. wurden diskutiert. Einmal durfte ich ein Experiment zur Osmose, das ich noch im Gedächtnis hatte, vorführen. Schließlich hat Dr, Hild auch Kurse in der Art einer Volkshochschule organisiert. Im Gedächtnis ist mir noch die Aufgabe. zur Stärkung des Wortschatzes einen Aufsatz ohne Verwendung des Buchstabens ‚r' zu schreiben. In Mathematik haben wir uns mit Permutationen und Wahrscheinlichkeitsrechnung beschäftigt. Zum Abschluss gab es jeweils eine Teilnahmebescheinigung. Latein, das ich besonders nötig gehabt hätte, wurde nicht angeboten. Aber mein Kamerad Martin Meya, der später Germanistik studierte und Direktor eines Mädchengymnasiums in Bielefeld wurde, hat mir zum Üben Deklinationen und Konjugationen aufgeschrieben.

Unterstützung bekamen wir auch von einer im Kurort ansässigen Künstlerfamilie, besonders von den beiden Töchtern des malenden Vaters, einer literarischen und einer musikalischen. Zu einem Musikabend in ihrer Villa wurde auch ich eingeladen, allerdings mit der Bitte um etwas Hilfe beim Empfang der Gäste, z. B. Mäntel abzunehmen. Warum sollte ich ihnen diese Gefälligkeit nicht erweisen, dachte ich. Ganz anders reagierte mein Kamerad Gangolf von Fürstenmühl, der dieses Ansinnen als ehrenrührig empfand. Wir konnten uns nicht einigen und haben das Problem unserm Herrn und Meister Dr. Hild vorgetragen. Der gab uns beiden Recht.

Für den Übergang in das zivile Leben fehlte mir noch eine wichtige Fertigkeit. Durch die kriegerischen Umstände bedingt hatte ich ja keine Tanzschule besucht.

In meinem letzten Domizil, dem Lesesaal beim Kolonnaden-Café, spielte abends ein Kamerad mit Ziehharmonika zum Tanz auf. Unsere Putzfrau Käthe Möller, eine junge resolute Person, hat mich geduldig herumgeschwenkt. Am nächsten Morgen musste ich dafür den Saal auskehren.

Abb. 18 Bad Salzschlirf, Lesesaal. Von links: Schw. Gisela Swoboda, Käthe Möller, Schw. Mathilde Bitz, Schw. Else Scheitzer, Bernhard Bartsch

Nach der letzten Operation an meinem Arm waren die Wunden endlich vernarbt, so dass mir auf meinem Entlassungsschein ‚leichte Arbeit' attestiert wurde. Die Kriegsgefangenschaft endete offiziell am 28. Februar 1946. Das Lazarett wurde als Krankenhaus weitergeführt, wodurch für die Genesenen eigentlich kein Platz mehr war. Wohin aber gehen? Die sowjetische Besatzungszone wirkte nicht gerade anziehend. Nach einer energischen

Aufforderung meiner Schwester Christel habe ich mich doch in Richtung Berlin aufgemacht.

Ich wurde von meinen Kameraden zum Abschied bis zum Bahnhof begleitet. Rita winkte mir aus ihrem Fenster zu, als ich ihr Poesiealbum noch schnell vor die Haustür legte. Eine Freifahrkarte und 60 Reichsmark Entlassungsgeld in der Tasche ging es über Fulda, Eisenach, Weißenstein, Halle, Ludwigsfelde bis Großbeeren. Die Reise dauerte 3 Tage und 2 Nächte. Dann stand ich nach mehr als anderthalb Jahren wieder vor der elterlichen Wohnung und wurde von meiner Mutter erleichtert in die Arme genommen.

Der Krieg war also aus, aber nichts war mehr so, wie es früher einmal war. Von meinem Vater gab es immer noch kein Lebenszeichen. Erst nach drei Jahren kam eine Mitteilung vom Roten Kreuz, dass er schon im Mai 1945 als Kriegsgefangener in Landsberg a. d. Warthe gestorben war. Meine Großmutter wohnte nun bei uns, da die Russen das Haus in Güterfelde in Brand gesteckt hatten. Meine Mutter und meine beiden Schwestern hatten Schreckliches erlebt. Meine Schwester Susi kam gerade am Tage der Einnahme Großbeerens mit ihrem ersten Kind nieder. So blieb sie als Einzige von den Übergriffen der Rotarmisten verschont. Meine Schwester Christel litt noch jahrelang seelisch und körperlich darunter. Aber sie hatte bereits wieder Arbeit als angehende Neulehrerin. Meine Mutter hielt tapfer die Familie über Wasser, obwohl die Zukunft alles andere als gesichert war. Der Krieg wirkte noch viele Jahre fort. ‚Aber das ist eine andere Geschichte.‘

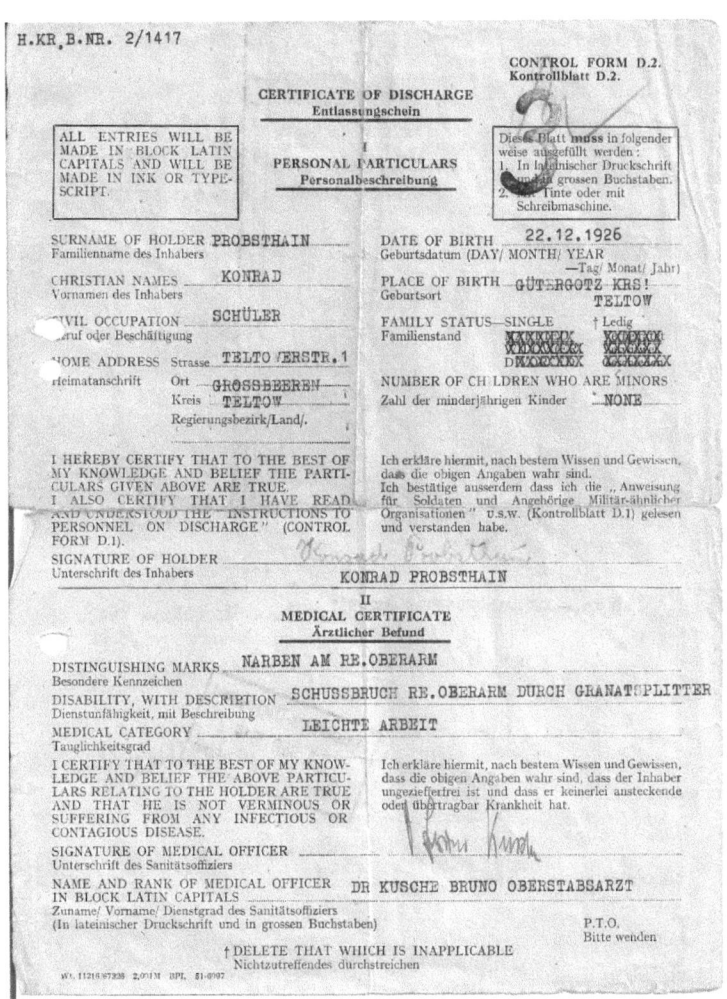

Abb.19   Entlassungsschein   aus   amerikanischer Kriegsgefangenschaft (Vorder- und Rückseite).

III
PARTICULARS OF DISCHARGE
Entlassungsvermerk

THE PERSON TO WHOM THE ABOVE PARTICULARS REFER
Die Person auf die sich obige Angaben beziehen

AIR FORCE

WAS DISCHARGED ON (Date) **28.FEBRUAR 1946** FROM THE*
wurde am (Datum der Entlassung)   vom/von der*

MILITARY HOSPTTAL H2526

BAD- SALZSCHLIRF

entlassen

RIGHT THUMBPRINT Abdruck des rechten Daumen	CERTIFIED BY	OFFICIAL
	Beglaubigt durch	EMBOSSED
	NAME, RANK AND	SEAL
	APPOINTMENT OF	T.H.LORD
	ALLIED DISCHARGING	CAPT. SN C
	OFFICER IN	U.S.ARMY	Amtlicher
	BLOCK CAPITALS	Einprägestemp

* INSERT "ARMY," "NAVY," "AIR FORCE," "VOLKSSTURM," OR PARAMILITARY
ORGANIZATION, e.g., "R.A.D.", "N.S.F.K.", ETC.
Wehrmachtteil oder—Gliederung der die Einheit angehört, z.B. „Heer", „Kriegsmarine",
„Luftwaffe", „Volkssturm", „Waffen SS", oder „R.A.D.", „N.S.F.K.", usw.

RM 40.- ENTLASSUNGSGELD BEZAHLT

ZAHLMEISTER

Nachwort

Meiner Generation wurde die Jugend gestohlen. Gerade in den Jahren größter Bildungsfähigkeit wurde man stets bevormundet und an der persönlichen Entfaltung behindert. Die schulische Bildung entsprach trotz Notabitur allenfalls einem Realschulabschluss. Und doch haben die Heimkehrer meist ihren Weg gemacht. Unter den erwähnten Mitschülern sind spätere Lehrer, Mediziner, Kaufleute, Ingenieure, Finanzbeamte, Fabrikanten, Chemiker, Banker, Kunsthistoriker, etliche Doktoren und sogar ein Professor. Die Kontakte zwischen den Überlebenden sind bis ins hohe Alter nicht abgerissen.

Wer und wie viele der Kameraden bei H. G. dem Kessel von Heiligenbeil entkommen konnten, weiß ich nicht. Lediglich mein Freund Achim hat berichtet, dass er am selben Tage wie ich verwundet wurde und mit dem Schiff von Pillau nach Swinemünde gekommen ist.

Mit einigen der Mitgefangenen in Bad Salzschlirf gab es noch über Jahre brieflichen und persönlichen Kontakt. Unsere Wege trennten sich jedoch. Dr. Sigurd Hild habe ich in den sechziger Jahren noch einmal getroffen. Er hatte sich ganz auf die Psychologie verlegt und arbeitete bei der evangelischen Kirche in Frankfurt a. M. Sein Büchlein ‚Sexualerziehung – Ein Ratgeber für Eltern' lag damals voll im Trend.

Von oben links: Achim Ramisch, Jürgen Malzahn, Sigmar Deichert, Wolfgang Griem, Horst Hoyme, Rüdiger Kowalski, Heinz Schwarz, Horst Schoppe,

Bild 20 Die früheren Luftwaffenhelfer 50 Jahre danach.

Helmut Grund, Jochen Gruppe, Hellmut Hager und
Konrad Probsthain

Ortsnamenverzeichnis
(ehemals deutsche Gebiete)

Name im Text (bis 1945)	Name vor 1938 (falls abweichend)	Name nach 1945 polnisch/russisch	Staat (heute)
Allenstein		Olsztyn	PL
Anelaukis			LT
Bahnfelde	Juknischken	-	RUS
Brauersdorf	Karklienen	-	RUS
Breuersdorf (Brauersd.?)		-	RUS
Brückental	Sameln	-	RUS
Danzig Neufahrwasser		Gdańsk Nowy Port	PL
Dittchenhöfen		Trojaczek	PL
Ebenrode	Stallupönen	Nestrow	RUS
Eschenberg	Mosteiten	-	RUS
Eydtkau	Eydkuhnen	Tschernyschewskoje	RUS
Girnen		Rjasanowka	RUS
Goldap		Goldap	PL
Grimbach	Jessatschen	-	RUS
Groß Schiemanen		Szczytno-Szymany	PL
Groß-Trakehnen		Jasnaja Poljana	RUS
Großwaltersdorf	Walterkehmen	Olchowatka	RUS
Gumbinnen		Gussew	RUS
Hanshagen		Janikowo	PL
Heiligenbeil		Mamonowo	RUS
Husarenberg	Perkallen	-	RUS
Jurbarkas (Georgenburg)		Smalininkai (Jubarkas)	LT
Kahlberg		Krynica Morska	PL
Kamienkabach			LT
Kleinwarschen	Pawarschen	-	RUS

Kleinweiler	Skardupchen	-	RUS
Kloken (G. Kuckerneese)		-	RUS
Kuckerneese	Kaukehnen	Jasnoje	RUS
Landsberg		Górowo Ilaweckie	PL
Lyck		Ełk	PL
Nemmersdorf		Majakowskoje	RUS
Nerfken (Kr. Pr. Eylau)		-	PL
Neukirch		Timirjazewo	Rus
Ortelsburg		Szczytno	PL
Petershagen		Pieszkowo	PL
Plicken (Wolfseck)		-	RUS
Preußisch Eylau		Bagrationowsk	RUS
Ramfelde	Ramoschkehmen	-	RUS
Rominten		-	RUS
Romintener Heide		Krazny Les	RUS
Salwarschienen		Kanie Ilaweckie	PL
Schloßberg	Pillkallen	Dobrowolsk	RUS
Schulzenwalde	Buylien	Dubrava	RUS
Sköpen		Mostowoje	RUS
Skören		Gorodkowo	RUS
Sodargen		Tretjakowo	RUS
Stettin		Szczecin	PL
Stolpmünde		Ustka	PL
Tilsit		Sowetsk	RUS
Trakehnen		Jasnaja Poljana	RUS
Vistytis			LT
Waldheide	Schillehnen	Pogranitschny	RUS
Wolfseck	Willkoschen	(Gruschewka)	RUS
Ziegenort		Trzebież	PL
Zweilinden	Stannaitschen	Furmanowo	RUS

LT = Litauen   PL = Polen   RUS = Russland   (Oblast Kaliningrad)

Bildnachweis

Abb. 1   Konrad Probsthain, Groß-Umstadt
„   2 - 5   Helmut Grund, Haan Rheinl.
„   6 – 8   Günter Käbelmann, Beelitz-Wittbriezen
„   9   Jürgen Malzahn +
„   10   Museum Goldap, Stade
„   11 – 12 Militärarchiv Freiburg
„   13   Militärarchiv Freiburg (Ausschnitt)
„   14   ostpreussen.net, Bad Saarow (bearbeitet K.
Probsthain)
„   15   Kreisgemeinschaft Gumbinnen, Archiv,
Bielefeld
„   16   Leszek Wojcinowicz, Pieszkowo,PL
„   17   ostpreussen.net, Bad Saarow (bearbeitet
K. Probsthain)
„   18 - 20 Konrad Probsthain, Groß-Umstadt

Quellen

Konrad Probsthain: Persönliche Unterlagen,
Luftwaffenhelferzeugnisse, Bescheinigungen der
Oberschule Kleinmachnow (Vorsemester, Reifevermerk),
Soldbuch, Entlassungsschein, Durchschriften der
Feldpostbriefe vom Vater Erich Probsthain

Bundesarchiv/Militärarchiv Freiburg, Signaturen:
RL32/36, RL32/37, RL32/37K, RL32/59, RL32/67,
RL32/68, RL32/69

Krankenbuchlager Berlin: Bescheinigung vom
29.12.1970

124

Deutsche Dienststelle (WAST) Berlin: Bescheinigung vom 01.03.1971

Petershagen, Salwarschienen, Dittchenhöfen, Hanshagen, http://www.pieszkowo.parafia.info.pl

Irmi Gegner-Sünkler: Das Gut Salwarschienen, Pr. Eylau, 2012,

Grenadier-Regiment 509, http://www.lexikon-der-wehrmacht.de

Kirchspiel Kuckerneese, Kloken, http://www.kreis-elchniederung.de

Orte im Kreis Preußisch Eylau, http://www.ostpreussen.net

Uwe Neumärker, Volker Knopf: Görings Revier: Jagd und Politik in der Rominter Heide, 2012

Kriegsaufzeichnungen von Karl-Heinz Schmoelke, http://www.klee-klaus.t-online.de

G. Käbelmann: Zeitzeugenberichte Oberschule Kleinmachnow

http://forum.danzig.de/php?249-Gab-es-Kriegslazarette-in-Neufahrwasser 24.01.2017